时刻关注

二战经典战役纪实

喋血瓜岛

THE BATTLE OF GUADALCANAL

二战经典战役编委会·编译

中国铁道出版社有限公司
CHINA RAILWAY PUBLISHING HOUSE CO., LTD.

前言 | 喋血瓜岛

The Battle of Guadalcanal

　　瓜达尔卡纳尔岛位于南太平洋，是所罗门群岛的主要岛屿之一。1942年8月，美军与日军为夺取这个小岛，在陆地、海洋和空中展开了前所未有的大血战。较量一直持续到1943年的2月，以日军的全面溃退结束。瓜岛战役，日军不仅没有实现重新夺回战略主动权的作战企图，反而完全丧失了战略主动权。军事史学家称瓜岛战役是"太平洋上的斯大林格勒战役"。战役初始，日美双方在舰艇、飞机、兵力上相差无几，日军还稍占优势，但最终日军却铩羽而归，原因何在？

　　在战略上，日军的作战企图大大超出其作战能力。在战略进攻的第一阶段，日军占领了拉包尔和新几内亚东北部，企图在俾斯麦群岛建立起第一道防线，这已经是进攻力量的极限了，但是出师告捷，使得日军利令智昏，忘乎所以，将战线继续向东南太平洋方向推进，在瓜岛修建机场。原本被日军视为无足轻重的瓜岛，因美军于1942年8月7日在瓜岛登陆，形成对整个所罗门群岛的巨大威胁，并危及俾斯麦群岛一线，由此，日军决心全力夺回瓜岛。

　　日军这种战略决策，与其军事实力、工业潜力是极不相称的，战争前，美国的工业总产值就相当于日本的9倍，开战后，美国全民动员，其工业能力的提升也比日本高得多，这就是瓜岛战役的后期，美军能不断修复和补充崭新的舰艇、飞机，而日军损失的舰艇、飞机无法及时补给的根本原因。

　　在思想准备上，日军对美军的战略反攻缺乏必要的思想准备。日军统帅部一直认为，美军的反攻应在1943年后，基于这种想法，日军力图在美军反攻之前尽量将战线前推，而不愿过早转入战略防御。因此，日军敢于一举越过数百海里，在瓜岛修建机场。而且，拉包尔到瓜岛数百海里间，没有可以居中策应的前进基地，忽视必要的防御准备，使岛上的日军对美军的突然进攻，无论精神上还是物质上都毫无准备。

　　在作战指挥上，从1893年起，日本的陆军参谋本部和海军军令部就是两个完全独立平等的统帅机关。虽然后来设立了作为最高统帅机关的大本营，但因为陆、海军之间的矛盾根深蒂固，难以实施统一指挥。最高统帅名义上是天皇，实际上天皇很难起到统

一指挥的作用，当陆、海军对某个问题争执不下时，大本营只好采取协调双方的折中方案。在战役进行中，陆、海军往往各行其事。陆军、海军没有协同配合，自然无法发挥出协同作战的威力。日军没有统一的指挥，是瓜岛战役失败的重要原因之一。

在兵力使用上，日军麻痹轻敌。战役之初，日军在南太平洋是攻占莫尔兹比港与夺回瓜岛双管齐下，甚至将莫尔兹比港方向作为主要作战方向，以致在瓜岛方向的日军缺乏足够的兵力、兵器与弹药，以致没有足够的力量突破美军的防线。而且，日军对美军的兵力判断一直有误。因此，日军认为夺回瓜岛易如反掌，第一次上岛仅有1,000人。初战失利后，再增兵上岛，第二次上岛约1,500人。再战失利之后，第三次增兵约3,500人，逐次添兵的"加油"战术，使兵力分散而一再失利。直到战役结束，日军仍未能正确查明美军的实力。

反观美军，一开始就投入了第1陆战师整师，共1.6万人，登陆一举奏效，并迅速占领机场，奠定了战役胜利的基础。随后又以优势海空军掩护组织了几次较大规模的增援，加强了瓜岛地面部队的实力，最高峰时达到6万人，又有重装备支援及充足的弹药补给供应，既能守住至关重要的机场，又有足够的力量发动进攻。这与日军的兵力使用形成鲜明的对比。

在战术上，日军只重视对美军军事目标的攻击，对美军的后勤补给运输工具和物资不屑一顾。瓜岛战役是一场登陆战，而登陆战中运输船队对作战的胜负具有决定性的影响，失去运输船队的支援，即使部队登上岛屿也会因后援不继而失败。在萨沃岛海战中，日军沉重打击了美军的运输船队的护航兵力，却对运输船只和海滩上堆积如山的物资视而不见，最终使这场战役发展成为对日军极为不利的消耗战。

战役备忘 | 喋血瓜岛
The Battle of Guadalcanal

罗斯福 | Franklin D. Roosevelt

战争的转折点来到了!

东条英机 | Hideki Tojo

自从中途岛和瓜达尔卡纳尔岛两次海战失利以后,总的战局对帝国不利。

宇垣缠 | Ugaki Matome

我们旨在攻取夏威夷、斐济、萨摩亚、新喀里多亚妮,以及控制印度,挫败英国东方舰队,成了一场黄粱美梦。

金 | Ernst J. King

虽然我们损失严重,但是取得了瓜达尔卡纳尔海战的胜利,解除了日军攻击瓜岛的危险,巩固了我军在所罗门群岛的地位。

★ **战争结果**

　　盟军共阵亡约5,000人,伤6,700人,损失驱逐舰以上的舰只24艘、运输船3艘、飞机约250架。日军共有约5万人丧生,损失军舰24艘、运输船16艘、飞机892架。这一战役证明,在作战力量大体上势均力敌的情况下,双方国力、人力、物力、运输力以及战略战术思想上的较量,对于战争胜负具有决定性的影响。

★ **战役之最**

a. "二战"中太平洋战场上最大的遭遇战;b. 美国海军自1898年以来,在太平洋战场上第一次成功的两栖登陆作战;c. "二战"期间太平洋战场上最具有决定意义的一场战役。

★ **作战时间**

1942 年 8 月 6 日至 1943 年 2 月

★ **作战地点**

瓜达尔卡纳尔岛及其附近海域。

★ 作战国家

★ 作战将领

盟 军

参战兵力最多时达 6 万人，还包括航空母舰在内的数十艘舰艇和上千架飞机。

尼米兹 | Chester Nimitz

美国海军五星上将。1941 年 12 月，被任命为美国太平洋舰队总司令，同时统帅该地区陆军。1942 年 6 月成功地指挥中途岛战役，扭转了太平洋战场的战局。此后又指挥了所罗门群岛、马绍尔群岛、菲律宾群岛、硫磺岛、冲绳岛等一系列战役，取得太平洋战场决定性胜利。

日 本

参战兵力最多时约 4 万人，还包括航空母舰在内的数十艘舰艇和上千架飞机。

南云忠一 | Mitsuo Fuchida

日本海军中将。太平洋战争初期，指挥了日本海军第一航母舰队的航空母舰群对美国珍珠港的攻击、1942 年对锡兰的攻击及与美国海军的中途岛之战。1942 年 8 月至 10 月，领导联合航空队和舰队参加了瓜达尔卡纳尔之战。后被任命为保卫马里亚纳群岛的中太平洋舰队司令。1944 年 7 月美军在塞班岛登陆后，对战败引咎自责，剖腹自杀。

★ **战争意义**

经过瓜岛战役，盟军彻底粉碎了日军整个第二阶段的战略作战进攻计划，稳定了整个太平洋战场的形势，结束了太平洋战场美日双方战略相持的阶段，标志着太平洋战场战略转折的完成。随着日军的惨败，日军还退出了新几内亚东北海岸的布纳和戈纳，并放弃了占领莫尔兹比港的企图。从此，在太平洋战场，盟军由战略防御转为战略反攻和进攻，日军则由战略进攻转为战略防御，战略主动权已完全转入盟军手中。

作战示意图 | 喋血瓜岛

The Battle of Guadalcanal

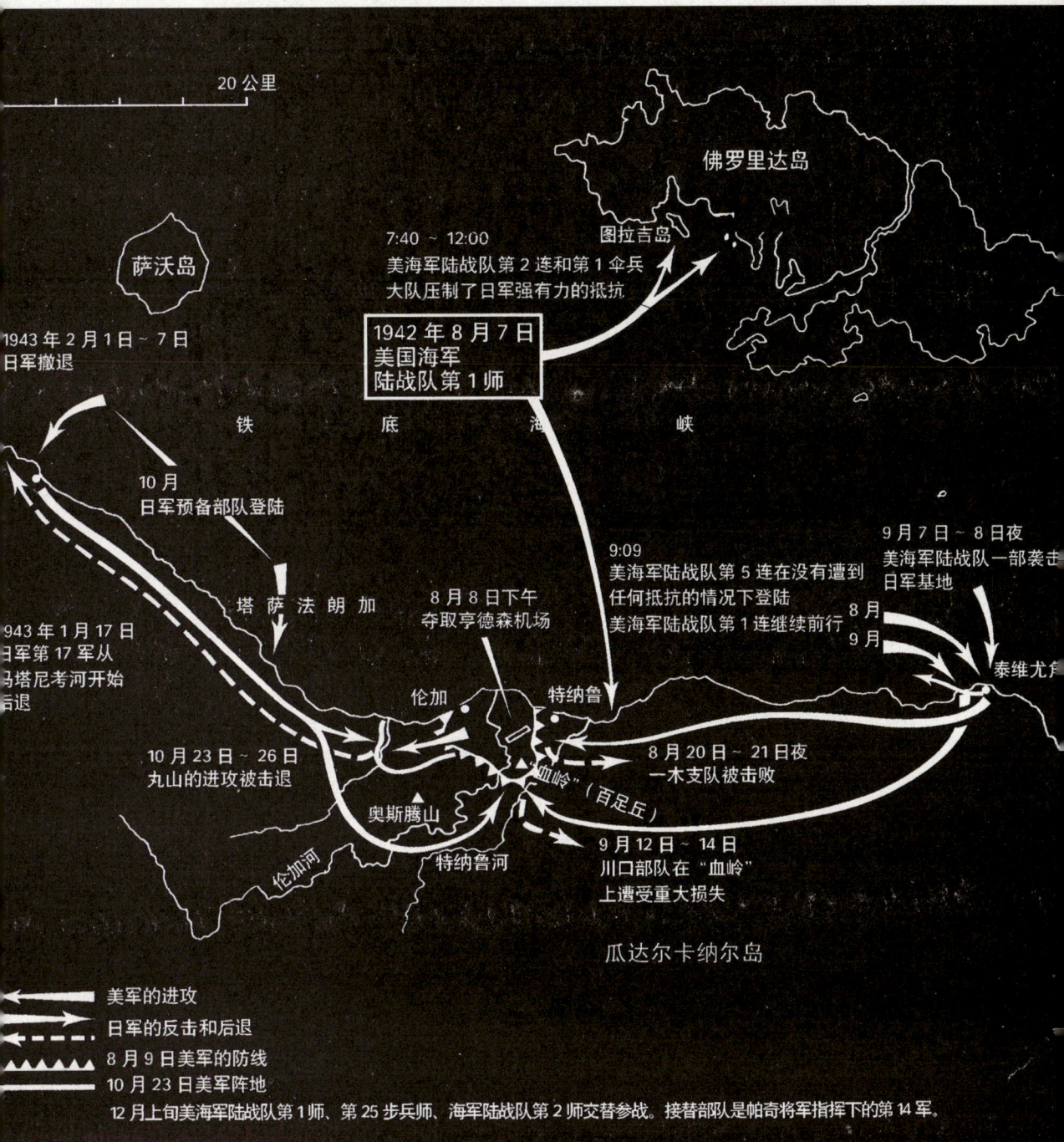

20 公里

佛罗里达岛

萨沃岛

7:40 ～ 12:00
美海军陆战队第 2 连和第 1 伞兵
大队压制了日军强有力的抵抗

图拉吉岛

1943 年 2 月 1 日 ～ 7 日
日军撤退

1942 年 8 月 7 日
美国海军
陆战队第 1 师

铁　底　湾　峡

10 月
日军预备部队登陆

9:09
美海军陆战队第 5 连在没有遭到
任何抵抗的情况下登陆
美海军陆战队第 1 连继续前行

9 月 7 日 ～ 8 日夜
美海军陆战队一部袭击
日军基地

8 月

9 月

塔萨法朗加

8 月 8 日下午
夺取亨德森机场

1943 年 1 月 17 日
日军第 17 军从
马塔尼考河开始
后退

伦加

特纳鲁

泰维尤角

10 月 23 日 ～ 26 日
丸山的进攻被击退

8 月 20 日 ～ 21 日夜
一木支队被击败

奥斯腾山

"血岭"（百足丘）

伦加河

特纳鲁河

9 月 12 日 ～ 14 日
川口部队在"血岭"
上遭受重大损失

瓜达尔卡纳尔岛

美军的进攻
日军的反击和后退
8 月 9 日美军的防线
10 月 23 日美军阵地
12 月上旬美海军陆战队第 1 师、第 25 步兵师、海军陆战队第 2 师交替参战。接替部队是帕奇将军指挥下的第 14 军。

目 录 | 喋血瓜岛
The Battle of Guadalcanal

第5章　陷入僵局

当着尼米兹的面，范德格里夫特说："我一忍再忍，也不宽恕南太平洋部队和地区司令部的悲观态度。第一师深陷重围，孤军奋战，且取得了一次又一次的胜利，海军为什么总是怕字当头……

第6章　虎狼之争

山本精心制订了一个庞大的海陆空进攻瓜岛的作战计划。该计划准备动用日本联合舰队的大部分兵力，全力以赴，从海上打击美军；同时，百武将出动2万名士兵分三路突击……

第7章　战争的转折点

瓜达尔卡纳尔美军处于岌岌可危的境地，华盛顿的气氛紧张起来，就连坚决主张增援瓜达尔卡纳尔的罗斯福总统，对瓜岛的局势也产生了动摇……

第8章　封锁瓜岛

第17军腾出手来，集中精力进行瓜岛作战……美军则针锋相对，日夜严密封锁瓜岛海域，甚至连一只海鸥都逃不过美飞行员的眼睛。瓜岛成为真正的饥饿之岛，死亡之岛……

第9章　最后的晚餐

经过3个星期的阻截，岛上日军没得到一点增援物资，连军团司令部都断了粮食，只能靠香蕉、酸橙、树根和其他植物维持生命。普通士兵就更惨了，大部分人都坐等着像灯油熬尽了一样死去……

第10章　日军大崩溃

1942年12月25日，日海陆两军首脑在皇宫举行紧急会议，研究瓜岛战况，首次提出撤退的计划，受命前往瓜岛了解真相的井本送回一份报告……

第一章

"瞭望台" 行动

　　1908年，访问所罗门群岛的美国作家杰克·伦敦，写下了著名的短篇小说《纯洁无邪充满原始风味的处女地——瓜达尔卡纳尔》。他万万没想到，34年后，他笔下描写的这个岛屿成了美日两军激烈较量的舞台……中途岛海战后仅仅两个月，即1942年8月，美军和日军不约而同地把目光瞄向了这个南太平洋地区默默无闻的小岛，一场空前规模的大战由此爆发了。

No.1 一座小岛牵动两根神经

1942年6月，日本在太平洋中途岛上遭到了第二次世界大战开战以来的首次惨败。中途岛的失败使日军发热的头脑开始有些清醒，不得不重新考虑原来制订的太平洋战场作战方案。

原来的作战方案重心放在太平洋正面，计划5月上旬实行莫尔兹比港作战，6月上旬实行中途岛作战，7月实施旨在切断美澳交通线的攻占新喀里多尼亚、斐济、萨摩亚群岛的作战（代号"FS"）。5月珊瑚海一战，日军未达到占领莫尔兹比港的目的，遂决定先行实施中途岛之战，然而中途岛一战又遭失败，日本联合舰队丧失了主要的海空突击力量，无力再实施"FS"作战。

1942年7月11日，日军大本营正式下令停止"FS"作战，其理由是：第一，经过珊瑚海、中途岛之战，舰载航空兵力和岸基航空兵力的飞机损耗已达400多架，而且迟迟得不到补充。第二，敌情变化多端，航空母舰没有岸基航空兵的掩护不敢贸然出动。第三，岸基航空兵只有在基地300海里范围内作战才有效，而"FS"计划规定的大部分作战行动都将在远程攻击机的极限范围内展开，因此，无法依靠岸基航空兵。第四，在远距离飞行作战的情况下，损失将相当大。第五，与日方航空兵消耗巨大、战斗力低下的情况相反，同盟国军队兵力补充及时，在数量上逐渐占有压倒性优势。

日军大本营在取消"FS"作战的同时，又制定了一个新的作战方案。新作战方案的基本着眼点已经转向持久战和巩固完善日军在太平洋战争的防御态势。这个方案规定日军将从新几内亚岛北部登陆，翻越欧文斯坦利山脉，攻占莫尔兹比港。具体内容包括：一、由陆军第17集团军实施从陆地攻占莫尔兹比的作战，由海军舰艇部队及岸基航空兵负责海上运输、护航及空中支援。二、海军及其岸基航空部队负责在俾斯麦群岛、新几内亚东部和所罗门群岛等地，全力巩固并修建一系列岸基航空基地。

日本大本营制订新的作战计划时，只是泛泛地把目标定在所罗门群岛地区，他们并没有想到这个地区一个叫做瓜达尔卡纳尔岛的地方。在新的作战计划中，为了掩护主要行动的侧翼安全，日军必须在所罗门地区修建一个水上机场，供轰炸机使用。有了这个轰炸机机场，它就可以控制西南太平洋的大片地区，为海军作战提供空中优势，就可以控制美国和澳大利亚的交通线。

早在1942年5月，日军已经占领了所罗门地区的一个岛屿——图拉吉岛。这个岛原是英属所罗门群岛保护地的首府，由澳大利亚委派的总督常驻在这里。新的作战计划出台后，日军原本打算在图拉吉岛建造飞机基地。但当日军仔细考察图拉吉岛及其周围地形后，就是后来美日进行殊死争夺的瓜达尔卡纳尔岛。

于是，在6月16日，日军派门前鼎大佐率工兵先遣队250人登陆瓜岛。7月6日，又派第11工兵队2,500人登陆，其中有许多从朝鲜和中国抓来的劳工，同时运去建设器材，开始在瓜达尔卡纳尔岛上修建飞机场。为了争取在8月5日以前建成机场，日军随后又派冈村德长少佐前来监督施工。经过紧张的施工，到7月中旬，一条1,200米长、50米宽、用珊瑚砂土掺和水泥铺就的简易飞机跑道已经大体完成，就等着飞机进驻了。

在日本大本营精心策划并步步实施新的作战计划时，美参谋长联席会议正加紧调兵遣将。麦克阿瑟和尼米兹也是踌躇满志，准备趁着中途岛大捷，在太平洋地区大干一场。经过仔细地研究，7月2日，参谋长联席会议下达了"瞭望台战役"计划，该计划规定：

战役第一任务是夺取圣克鲁斯群岛、图拉吉岛及其附近的要地，由太平洋战区司令尼米兹将军担任战略指挥。一旦在图拉吉地区站稳脚跟，即执行战役第2任务，向巴布亚半岛的萨拉马瓦和莱特进军，同时夺取所罗门群岛的剩余部分并北上，该阶段由麦克阿瑟将军担任战略指挥。之后，盟军转而对拉包尔实施两面夹击。战役最终目标是夺取新不列颠岛、新爱尔兰岛及新几内亚。

"瞭望台战役"计划发起的时间本来定在8月1日，然而，就在这时，一件意想不到的事情发生了。原来，就在美军制定"瞭望台战役"计划期间，日军在瓜达尔卡纳尔岛修建机场的工作已近完工。

美中部太平洋舰队司令官尼米兹海军上将和东南太平洋战区司令官戈姆利中将获得这些情报以后，感到非常震惊。日军一旦把这个飞机场建成，从瓜岛起飞的日机就能够轰炸圣克鲁斯群岛、埃法特岛和新喀里多尼亚北部的库马克飞机场，这就意味着上述驻地的美军不久就要饱尝日本人的航空炸弹，盟军现有的防线将受到严重威胁，不但危及澳大利亚，而且更重要的是美参谋长联席会议制定的"瞭望台战役"计划就要被打乱，因而不能坐视不管。美军立即对"瞭望台战役"计划作了调整，暂缓对圣克鲁斯群岛的进攻，将瓜达尔卡纳尔岛作为首先必须夺取的目标。7月10日，尼米兹给在南太平洋地区担任指挥的戈姆利海军中将下达作战指令，命令其部队攻占图拉吉岛和瓜达尔卡纳尔岛。戈姆利任命美第1海军陆战师师长范德格里夫特少将为瓜达尔卡纳尔岛登陆作战部队的指挥官，命令他在5个星期内必须拿下瓜达尔卡纳尔岛和图拉吉岛。

双方眼睛同时盯上了瓜达尔卡纳尔岛，使这个在南太平洋沉睡了几千年、人迹罕至的小岛，一下子跃升为重要的战略要点。

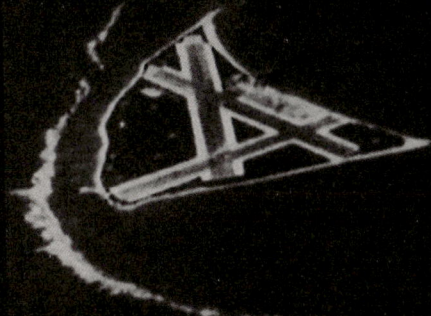

▲ 瓜达尔卡纳尔岛上的一处日本海军基地。

No.2 "瘟疫行动"

瓜达尔卡纳尔岛位于东经160度，在赤道南面，东西长约150公里、南北宽约40公里，面积6,000平方公里，是所罗门群岛中一个较大的岛屿。岛上酷热难耐，还经常下倾盆大雨。海拔达2,331米的波波马纳林火山，像脊梁骨似的横贯全岛。沿岛的南岸全是连绵的山脉，北岸山麓下丘陵起伏，沿海地带有些平原。岛上绝大多数地方是奇峰秀岭和稠密的丛林，生长香蕉、酸橙和木瓜等野生植物。到处是鲜鱼、毒蜘蛛、蚂蟥和蝎子，遍布昆虫、蚊子，白蚁甚多。岛上山谷内有些分散的土著居民，人数不过万人。曾经访问过这里的美国著名小说家杰克·伦敦在他著名的长篇小说《冒险》中说："假如我是国王，惩罚敌人最厉害的办法，就是把他们放逐到这个鬼地方。"

受命夺取瓜达尔卡纳尔岛的是美军第1陆战师，师长范德格里夫特少将已经度过33年职业军人生涯，生就一副刚毅的面孔，行动起来雷厉风行，绝不拖泥带水。可是这一次不同，上司要求他必须在5个星期内拿下两处岛屿。他刚从国内赶来，一切都没摸到头绪，就去指挥一场大规模的两栖登陆战役，心里不免七上八下。

任务要求紧不说，作战地区是不为人知的岛屿，不仅熟悉全世界岛屿的美国海军不太清楚，就连管理者澳大利亚的海军部也不太清楚，连一张岛上的地图都没有。参谋人员找遍了能找到的一切资料，最后也只找到一张陈旧的航海图，一叠传教士们拍摄的年深日久的照片，还有一部美国作家杰克·伦敦的长篇小说《冒险》。作家以洋洋洒洒的笔触，描写了所罗门群岛上的一个椰子种植园。范德格里夫特及其参谋人员从中才得知，他们要去远征的地方是一个蛮荒之地。

上级只给他4个星期的准备时间。由于参加登陆作战的运输船的物资装载必须按照特殊的"战斗装载"标准装载，港口又小，又正逢多雨的冬季，连日大雨，使得码头上的秩序非常混乱，加上码头工人正在进行罢工，陆战1师的官兵不得不自己进行卸货、装载。他们分成3班，24小时连续不断工作，官兵们都疲惫不堪，怨声载道。司令部也是一片混乱，刚刚组建，参谋人员还很少，而作战准备时间又那么紧张，把他们搞得手忙脚乱。

最大的问题是兵力不足，陆战1师只有两个团到达战区，另一个团还在萨摩亚，经戈姆利和范德格里夫特的强烈要求，才将陆战第2师的第2团和其他部队的3个营编入陆战1师的建制，勉强凑成一个加强师，总兵力约1.8万人。但这3个团都还没进行过严格、系统的登陆战训练，战术水平、战斗力都很低。直到7月28日，部队才抽出时间匆忙地进行了一次临战登陆演习。因为时间仓促，演习一片混乱，跟随部队的记者描述道：

……登陆艇在水里打转，找不到终点在哪里，军官们声嘶力竭地传达命令，但不知道他们应该具体做些什么事情。当第一波攻击组织成功向海岸上冲去时，又有不少船只在距陆地几百米处搁浅。其他船只勉强挣扎到岸上，也乱成一锅粥，可以说没有一个士兵真正按指挥顺顺当当地上了岸。

时间紧急，准备不足，指挥官范德格里夫特对这次战役没有多少信心，称这次作战行动为"瘟疫行动"。在匆忙看完杰克·伦敦的小说后，范德格里夫特自嘲说："国王没把我们放逐到所罗门群岛，倒是日本佬把我逼到那儿去了。"士兵们更是如此，他们给这次战役取了一个非常形象的绰号，叫做"小本经营"战役。但谁也没有想到，"小本经营"却套住了一桩大买卖。

▲ 麦克阿瑟与美军太平洋舰队总司令尼米兹（右）共商战事。

8月6日傍晚，在南太平洋舰队的护送下，陆战第1师乘坐23艘运输船急匆匆地出发了，朝瓜岛驶去。为登陆部队护航的有8艘巡洋舰和一个驱逐舰警戒群，由英国海军少将克拉奇利指挥。空中支援编队是"萨拉托加"号、"黄蜂"号、"企业"号3艘航空母舰、战列舰"北卡罗来纳"号以及重巡洋舰5艘、轻巡洋舰1艘、驱逐舰16艘、油轮3艘等组成，指挥官是美海军少将诺伊斯。以上两支支援兵力统由弗莱彻海军中将任战术指挥。戈姆利海军中将担任这次作战全面战略指挥。

庞大的舰队，顶着蒙蒙雨雾以12海里的时速向北行进，4艘运输舰和4艘驱逐舰开往图拉吉岛，另外15艘运输舰和货船则向瓜达尔卡纳尔驶去。海上很平静，大部分时间都有雨雾，最后两天更是阴云密布，云层压得很低，日军的空中侦察机无法观察海面。在敌人完全没有察觉的情况下，运输船队于8月6日夜间3点10分，接近瓜达尔卡纳尔西北方。运输舰上的机械师们检查了登陆艇的引擎，水手长检查了辘绳上的吊杆。空气非常潮湿，稍一动就汗流浃背。"灯火管制"命令下达了。在舱内，士兵们和衣坐在床上，有的在打牌，有的在看书，有的在写家信。饭厅里则挤满了海军陆战队的士兵们，或在听留声机，或在看其他人狂舞乱跳。在"美国军团"号上，即将率第1批部队登上瓜达尔卡纳尔的勒鲁瓦·亨特上校，推辞不过，正在即兴唱歌。这位上校经历不凡，参加过第一次世界大战，受过伤，中过毒气，并得过一枚勋章。他清了清嗓子，唱起"我要娶一个就像嫁给我老爹那样的闺女……"

而此时，负责登陆战的范德格里夫特将军却没有他的部下那么轻松。他神情严肃，站在旗舰"麦考利"号上，手扶栏杆，在夜色中眺望远方。前途吉凶未测，此次出兵，准备仓促，也不清楚日军有多强，这一战会不会成为自己的"滑铁卢战役"？

自太平洋战争爆发以来，盟国方面都存在一种恐日情绪，很多从东南亚死里逃生的老兵都异口同声地说："日军不可击破。特别是日本陆军，差不多每一个士兵都是超人。"现在就要由他——范德格里夫特率领一支准备不足的登陆部队去迎战这样的军队，他能够打赢吗？范德格里夫特心神不定，离开栏杆，摸黑回到闷热的小舱，怀着一种不安的心情写下了战前最后一封家信：

明天拂晓，我们将打响一场战争，计划已经制订好了。上帝保佑我们的判断正确……不管发生什么情况，我告诉你，我已尽了最大努力，但愿这个最大的努力已经足够了。

两小时后，哨兵瞥见远处有个黑影，形状像金字塔，那是一座小小的火山岛。

舰队向右急转弯，进入了埃斯帕恩斯角和萨沃岛之间的海峡。薄雾已经消散，美国两栖部队的舰只仍然未被发现。平静的海面使士兵们毛骨悚然。陆地上吹来的微风，对在海上航行了几个星期的人来说，应当是令人心旷神怡的，但在此时，它却充满了丛林和沼泽的恶臭。

范德格里夫特吃完早餐后，东方的天空已放白。他回到甲板上，仍然不见日军踪影。是不是某种诡计？在一种令人窒息的气氛中，登陆部队朝预定登陆地点——图拉吉岛上的"蓝滩"和位于瓜达尔卡纳尔北岸正中的"红滩"前进。

8月7日早晨6点40分，雷鸣一样的炮吼打破了沉寂，3艘巡洋舰和4艘驱逐舰同时开火，这是这个地区从来不曾听到过的声音。到处都吐着深红色的火舌，红色的火焰照耀着灰蓝色的海面。炮弹划过晨空，好像用红铅笔划的弧线朝瓜达尔卡纳尔飞去。两分钟后，在隆隆的炮声中，第二批巡洋舰和驱逐舰也开始向图拉吉岛开火。

无论是在"红滩"还是"蓝滩"，美军都还没有发现日军的动静。很明显，日本人没有预料到这次进攻，被打了个措手不及。不到30分钟，所有的运输舰都进入阵地。从3艘航空母舰上起飞的俯冲轰炸机和战斗机出现在天空中，向海滩和轰炸目标地区扫射，他们只遇到稀疏的高射炮火。

"登陆部队上岸！"扩音器里传出命令。

运输舰上，海军陆战队的士兵在出口处站好队，穿着绿色粗布军装的陆战队士兵们——身上挎着枪，屁股上挂着饭盒，背着沉重的背包，沿着舰身两边的软梯爬下去。

在预定登陆点，陆战队第1师的突击营一拥而上，在图拉吉岛登陆，他们没有发现一个敌人，好像岛上无人居住似的。

8时50分，指挥官发出信号："登陆成功未遇抵抗"。一个小时后，第1艘登陆舰抵达瓜达尔卡纳尔的"红滩"，艇上士兵一个个纵身跳入温暖的海水中。范德格里夫特在旗舰上看到战事顺利，长长地松了口气，对身边的参谋人员说："我们成功了。上帝保佑我们，陆战队第1师一定是遇到了好运气。"最初登陆的部队为陆战第5团的两个营。第1营在右，第3营在左，并头前进。他们的任务是要向内陆推进，建立一道防线，确保滩头不受日军反击的威胁。这样就可以掩护后续部队顺利登陆，使物资上岸后有一个可供处理分配的空间。

上午1点，陆战队第1团1营以纵队登陆，越过滩头防线向西面内陆深处推进。接着，第5团第1营在他们的右边沿着海岸线向隆加角方向再次纵深推进，第5团3营则留下负责滩头阵地的安全。

美军士兵砍开丛林，跳进沼泽，渡过激流，在比人还高的茅草中挣扎前进，各单位各自为战，艰难地向飞机场推进。根本拉不成一条直线他们一边喊一边骂，看见一点影子就开枪。8月7日下午，陆战队第1团终于到达瓜岛飞机场。后来，为纪念在中途岛海战中战死的陆战队飞行英雄洛夫坦·亨德森中校，美军将这个机场命名为"亨德森"机场。显然，日军没有料到这次进攻，只得仓促地逃跑，机场周围一片狼藉。美军开始轰炸时，日军大概正在做早饭，他们的锅还挂在熄灭的柴草上面，未吃完的饭团放在桌上。在逃往腹地之前，日军既没有破坏设施和各种物资，也没有炸毁机场跑道。他们丢下许多步枪、机枪、卡车、压路机、水泥搅拌机、弹药、汽油、柴油和两个雷达示波器，以及大量的大米、茶叶、啤酒和米酒。附近有两座大型发电厂，一座机械修理厂，一座组装鱼雷的精巧的空气压缩机厂和一个制冰厂，几乎都完好无损。

瓜达尔卡纳尔岛上的日军只有 250 名海军守备队士兵，另外还有修建飞机场的工兵 2,500 余名；图拉吉岛上只有航空兵约 400 名，以及约 200 名海军陆战队士兵。激战后，两岛上的日军士兵誓不投降，战死 600 余人，30 人被俘，工兵队的非战斗员向密林中逃去，还有 70 余人逃到附近小岛上。到这天夜里，陆战第 1 师全部登陆成功，大批物资上陆。不久，重炮、山炮、坦克等源源进入阵地，气势雄伟，锐不可当。这是美国海军从 1898 年以来，在太平洋上第一次成功的两栖登陆作战。

No.3 瓜岛争夺战大幕拉开

由于过于自信，日本海军在中途岛吃了败仗，但是吃败仗却没有使这种盲目自信有所收敛。日本海军高级将领还自信地认为，在若干个月内美太平洋舰队不会有大规模的军事行动。然而，在拉包尔岛布纳尔诺基地第 1 联合通信队的日军，在 7 月下旬开始截收到西南太平洋盟军越来越多的信号，日军情报部门开始担心起来。

8 月 1 日，日军无线电测向器测出一个电台在新喀里多尼亚的努美阿，另一个在墨尔本附近。显然，第一个电台是戈姆利的指挥部使用的，第 2 个是英军基地或澳大利亚部队使用的。因此，日军情报部门认定，盟军即将在所罗门群岛或新几内亚发动进攻。他们立即急电向特鲁克和拉包尔发出警报，但日军仍然抱着原来的想法，根本不予理睬。

不久，日军情报部门发现了更为严重的情况，大批美军军舰集结，向拉包尔和瓜达尔卡纳尔岛方向开去。驻守图拉吉岛的日军报务员立即发出电报："大批舰船正进入海峡。数量与型号不详，企图不明。"但日军指挥机构仍然坚持认为，这是美军的一次袭击战，他们肯定打了就跑。为了慎重起见，驻扎在拉包尔的日军第 25 航空战队的司令长官山田定义少将还是派出了两架远程搜索机前去侦察。就在这些搜索机隆隆地飞向侦查目标的时候，离瓜岛最近的另外一支日军——第 8 部队司令三川军一海军中将就接到了告急电报："瓜达尔卡纳尔遭到美军登陆部队攻击，我军现正撤入丛林！"此后，告急电报如同雪片一样

飞来："敌军锐不可当，我军誓死坚守阵地，愿武运长久。"

消息很快传到东京，陆军部参谋本部作战课的好多人连瓜达尔卡纳尔的位置都不知道。

美国大举登陆瓜达尔卡纳尔岛，对日军大本营来说确实是个晴天霹雳，日本大本营立即召开会议。首相东条英机听完有关情况介绍后，情绪激动，当场大骂海军，说他们只顾抢功，占领瓜岛竟不告诉陆军，以至陆军未派驻岛部队，给美军钻了空子。参加会议的海军军令部长官永野修身自知理亏，赶忙赔礼道歉，总算把事态平息下来，会议才得以继续进行。

在详细分析美军行动后，日本大本营的大多数人仍旧认为：美军这次登陆行动不是反攻，这只是一次小规模的袭击行动。

根据以上的判断和分析，当天，日军大本营对瓜岛形势作出如下判断和处置：

1. 以敌人最近的夸口和反攻的势头（一进入8月，敌机对图拉吉方面的袭击次数急剧增加）等情况来判断，一部分人认为，敌人最近有可能在东南方面开始积极反攻，但从敌方战备和航空母舰势力来看，估计这次反攻还没有超过侦察登陆的范围。

2. 即使敌人的登陆是正式的，如果从美国全面的反攻势态尚未完备的情况来判断，日本陆海军部队夺回两岛并不困难。

美军占领瓜岛之时，裕仁天皇并不在东京。获悉盟军在瓜达尔卡纳尔岛登陆的消息后，裕仁顿感震惊，马上说要返回东京，追问有关人员的责任。随同人员大为惊慌，马上将此事告诉了海军军令部长永野修身。永野惶恐不安，开完会后立刻驱车离开东京，前往天皇休息的日光离宫。在那里，永野向裕仁天皇报告了大本营对事态的分析、看法和准备采取的对策等。天皇紧张的情绪渐渐平息下来，打消了立即回东京的念头。

将天皇安抚下来后，永野修身气急败坏地给联合舰队司令山本五十六打电话，要求联合舰队必须以夺回瓜岛作为第一个目标，其他的行动暂不考虑。刚刚在中途岛海战中损兵折将的山本五十六也怒火中烧，急忙调兵遣将，决心与美军决一死战。

8月7日下午，在美军刚刚抵达瓜岛机场的同时，日军第25航空战队的51架轰炸机紧急起飞，直扑图拉吉岛和瓜达尔卡纳尔岛。当夜，一支由5艘中巡洋舰、2艘轻巡洋舰、1艘驱逐舰组成的日本舰队，由第8舰队司令三川中将亲自率领，趁着夜色掩护，悄悄地向瓜达尔卡纳尔岛海域袭来。瓜岛争夺战的血腥战幕拉开了。从此，在以后6个月的时间里，潮湿闷热、疟疾流行的瓜岛及其周围的水域，竟成了浴血搏斗、残酷厮杀的场所。一幕又一幕残酷的争夺战，在这个大雨滂沱、遍地泥泞、瘴气弥漫的热带丛林岛上上演，一场又一场规模空前的大海战在波涛怒吼、恶浪翻滚的洋面上展开。

瓜达尔卡纳尔遂成为举世皆知的岛屿。

第二章

日本依旧猖狂

美军陆战 1 师占领瓜岛后仅仅几个小时，三川军一率领的日军舰队利用黑夜掩护发起首次攻击。美军被打得措手不及，损失惨重，有人形容说此次战斗是美国海军作战史上最坏的一笔："在一场堂堂正正的战斗中，这大概是美国海军蒙受的最大失败。""美国舰队的这一次失败，几乎和珍珠港事件一样悲惨。"三川军一也犯了一个战略性错误，没有攻击美军的运输补给船队。否则，瓜岛之战的历史，甚至整个太平洋战争的历史，都有可能重写……

No.1 "地地道道的傻瓜"

日军第25航空队出动51架飞机，于当日对瓜岛实施了空袭，但遭到美军62架舰载战斗机的有力拦截，被击落19架，未取得什么战果。次日，即8月8日，第25航空队又出动41架飞机奔袭瓜岛。美军舰载飞机紧急起飞拦截，日军飞机不顾损伤，好不容易突破了美机的拦截，飞临瓜岛海域的盟军舰队上空，最终炸沉"埃里奥特"号运输船，炸伤"贾维斯"号驱逐舰。

连续两次空袭都无功而返，日军第8舰队司令三川军一中将感到事态远非想象的那样简单，他决定组织一次更大规模的反击，一举夺回瓜岛。三川迅速收拢部队，把在附近海域的军舰共5艘重巡洋舰、2艘轻巡洋舰、1艘驱逐舰全部集中起来。

一切准备就绪后，8月7日晚，在暗夜的掩护下，三川亲自率领这支舰队驶离拉包尔基地，隐蔽南下，扑向瓜岛。

8月7日的白天，负责监视日军的1架美军B-17轰炸机就发现了正奉命向拉包尔集结的4艘日舰，由于距离战区太远，没能引起美军的充分注意。当晚，三川的舰队刚出动，美军的S-28号潜艇就发现并报告了上级，此时日军舰队距瓜岛还有500余海里，同样没引起美军注意。8月8日早晨，1架澳大利亚的侦察机第3次发现了三川舰队，但飞行员出于无线电沉默的考虑，没能及时报告。下午返回基地后又不以为然，吃过饭后才向上级报告，足足耽误了6个小时，使得美军来不及再派出飞机侦察核实。更要命的是他还把这支舰队的编成错报为2艘水上飞机母舰、3艘巡洋舰、3艘驱逐舰。使登陆编队司令特纳错误地判断这样的舰队不可能是来实施海战的，很可能是在所罗门群岛某处港湾建立水上飞机基地，来弥补失去的图拉吉岛水上飞机基地。而美军最主要的情报来源——密码破译小组一方面由于日军刚开始使用新的密码，需要一段时间来破译，另一方面三川舰队在航行中采取了严格的无线电静默，所以无法提供准确的情报。

因此，美军上下全然不知一场海战即将来临。

8日16时，三川命令5艘重巡洋舰各弹射起飞1架舰载侦察机，对瓜岛进行全面侦察，了解美军舰队的兵力组成和所在位置。当他知道美军在瓜岛海域有多艘航母，掌握着制空权，而且兵力占优势以后，便决定以己之长攻其之短，实施夜战。

三川进行了反复的侦察，对美军的情况已经完全掌握，他决定从萨沃岛以南进入铁底湾，先消灭美军的巡洋舰，再消灭运输船，最后从萨沃岛以北撤出。

16时40分，"鸟海"号用闪光灯向其他舰只发布命令："从萨沃岛南面出发，用鱼

雷攻击停泊在岛前面的敌舰主力，之后转向图拉吉岛海区，用火炮和鱼雷攻击其余敌舰。接着从萨沃岛北面撤出。"识别信号是在舰桥两侧悬挂白布。

越接近瓜达尔卡纳尔岛，被发现的危险也越大。三川的一颗心悬着，他知道，在这个狭窄的航道里一旦遭遇美军，就没有多少余地可以避开轰炸机。

白天的每一分钟都好像无限漫长，好在这时天开始黑下来。就在这时，"鸟海"号的观察哨突然喊道："右舷前方发现桅杆！"舰上顿时鸣起警报，铃声大作，水兵们争先恐后奔向战斗岗位，把炮口转向右舷。

虚惊一场！原来是一艘正开往前方海面的日军海上飞机补给舰。

18时，日舰将甲板上所有易燃物都扔进海中，对弹药进行最后检查整备。18时40分，战斗的各项准备均已准备就绪，为了鼓舞士气，三川向部下发出信号：

只要充分发挥帝国海军善于夜战的作战传统，在这次战斗中，我们一定能取得胜利。每个人都要竭尽全力，沉着应战。

22时30分，天色完全黑了，日军以"鸟海"号为首，排成间距1,200米的单纵列，在桅杆上升起白色识别旗，加速到28节，杀气腾腾地闯入瓜岛海域！

此前，8月8日18时7分，由美军航空母舰起飞的执行轰炸巡逻任务的飞机已经全部返航。弗莱彻给戈姆利发了一份电报：

战斗机数量从99架减少为78架。由于此地区敌鱼雷机及轰炸机数量庞大，同时缺少燃料，我建议立即撤走全部航空母舰。

弗莱彻发电报时，他的航空母舰特混编队位于圣科鲁斯岛西北角附近，距萨沃岛约

▲ 正在开赴瓜岛作战的美国士兵。

120 海里。他没有等到戈姆利回电，就向东南撤退，到 20 时，已远离了瓜岛。

这样，特纳的登陆输送队就完全暴露在日军的进攻之下。没有航空母舰支持，他就成了"光屁股"，不得不在天亮前撤出，他不能在没有舰基飞机保护的情况下再次冒挨炸的危险。特纳得知情况后，又气又急，急忙打电话给范德格里夫特及巡洋舰驱逐舰掩护部队司令克拉奇利，叫他们立即赶往停在瓜达尔卡纳尔海面的旗舰"麦考利"号，共同商讨解决办法。

克拉奇利是个英国军官，在日德兰半岛战役中曾获维多利亚十字勋章。他是个开朗的人，有一把红色的胡子。他早已把他的军舰分成三个保护小组，部署在运输舰和货船四周。南线部队有三艘巡洋舰和两艘驱逐舰，部署在萨沃岛与埃斯帕恩斯角之间。以同样数量舰只组成的北线部队把守萨沃岛与图拉吉岛之间的航线。两艘轻巡洋舰和两艘驱逐舰把守东面。

当时谁也没有意识到日军会在短时间内发动进攻，因此整个保卫舰队并没有制订详细的作战计划，克拉奇利只是简单指示，一旦发生战斗，北线部队独立行动，配合他本人指挥的南线部队。当克拉奇利收到特纳的紧急召唤时，他打信号给巡洋舰"芝加哥"号的舰长，要他临时担任南线部队指挥，自己则乘旗舰"澳大利亚"号，沿着漆黑的瓜达尔卡纳尔海岸南驶，去寻找"麦考利"号。没有人想到要通知在重巡洋舰"文生斯"号上的北线部队指挥弗雷穆里克·里夫科尔上校。他恰好处于日军进入瓜岛水域的前线。

"澳大利亚"号在黑暗中探路前进，用了将近两小时才找到"麦考利"号。范德格里夫特乘坐小艇在一大群实行灯火管制的舰只中间，好不容易找到"麦考利"号。

直到深夜 1 点以后，会议才开始。当时天气很热，乌云密布，闷得令人喘不过气。

三位将军喝着咖啡，特纳把弗莱彻的电报拿给他们看，范德格里夫特与特纳一样，也对弗莱彻非常生气，说他"比原来扬言要撤走的时间还提前 12 小时，简直是临阵脱逃"。

与此同时，三川的舰队正以每小时 26 海里的速度扑来。旗舰"鸟海"一路领先，接着是三艘重巡洋舰和 2 艘轻巡洋舰，各相距 1300 米，殿后的是一艘驱逐舰。各舰都做好了准备，甲板上的易燃物都被抛进了大海，深水炸弹和其他非必需的东西都搬到下边。

就在正前方的黑暗中，克拉奇利的巡洋舰群正在海面缓慢游动，进行单调的巡逻。舰上担任观察的哨兵们因连续 48 小时的戒备，早已疲惫不堪。巡洋舰的舰长都已进入梦乡。

"麦考利"号上的会议还在进行。特纳宣布："由于航空母舰撤走，两栖作战兵力就将处于日机直接空袭之下，因此，必须把一切舰只撤走。""瓜岛作战补给物资远远不够。"范德格里夫特毫不退让，咆哮道，"现在又要把未卸完货物的运输舰全部撤走，这简直是发疯了！"双方面红耳赤地争执不休，特纳还是决定运输舰第二天早晨撤离这个地区。

范德格里夫特十分恼火地说："我们像地地道道的傻瓜那样被别人出卖了！"

会议不欢而散。就在范德格里夫特与克拉奇利启程返回时，突然下起倾盆大雨，几米之外漆黑一片。

心情有些失落的范德格里夫特下船时，克拉奇利同他握手告别，然后急急忙忙地往回赶。然而，未等他到达舰队，日军已经发动了进攻。

No.2 惊险的萨沃岛海战

三川率领舰队劈开惊涛骇浪，在茫茫雨夜中直趋瓜达尔卡纳尔。他们看到萨沃岛上的火山正突出在海面上，站在舰桥上的人谁也没有开口。时间一分钟一分钟缓慢地过去。

"鸟海"号右舷观察哨发现一个朦胧的影子，"有船通过，右舷 30 度！"他喊道。这个黑影是美国驱逐舰"布卢"号，"布卢"号与在其东北方向 6 海里外的驱逐舰"拉尔夫"号正在担任警戒任务，这是美国的预警办法。奇怪的是，两艘舰上的声呐和雷达都未显示有一支日本舰队正向它们扑来。

"准备战斗。"三川说。为了避免被发现，他命令："左舵，减速 22 海里。"

排成一条直线的日舰悄悄转身，将右舷炮口对准"布卢"号，准备轰击。而"布卢"号只是掉转航向，以每小时 12 海里的速度慢吞吞地向"拉尔夫"号驶去，后者也掉了头，两艘警戒舰对开而过，中间给来犯的袭击者留出了一个空挡。

三川率领的舰队像一把尖刀插进美国两线部队的中心。

三川最担心的是遇上美军的航空母舰，从截收到的无线电通讯中，日军知道附近就有美国的航空母舰。但令人难以置信的是，日军仍然穿过所罗门群岛的通道，未遇航空母舰的阻挡。

三川福星高照。日本舰队借助倾盆大雨的掩护，一点一点地接近了目标。

事实上，美军并非没有发现异常情况。美军在南线提供早期预警的驱逐舰"布卢"号，听到"拉尔夫"号的呼叫后，它的雷达发现到一架飞机，但是以为无关紧要而没有理睬。有一些美军舰只也发现了来历不明的飞机，但看见飞机上有航行灯，以为它是美军的。有的美军舰长虽然看到飞机，但是没有收到警报，便以为特纳已经收到发现飞机的报告。因此，日军侦察机得以在美军舰队上空盘旋了一个半小时之久，而没有引起美军的注意。

浓浓的雨云弥漫在墨一般漆黑的海面上，远方，闪电霍霍地发亮。同珍珠港事件一样，美军谁也没有意识到攻击已迫在眉睫。

1时33分，三川下达总攻击令。"攻击开始。"三川沉着地说。这一命令立刻被传达到鱼雷发射手那里。三川的第二道命令是："所有舰只同时进攻。"随即，一串串射程11海里的远程鱼雷，携带着一千磅炸药，以每小时49海里的速度，呼啸着奔向"堪培拉"号和"芝加哥"号。

直到10分钟后，美军"帕特森"号驱逐舰才发现日舰，舰上人员大惊失色，急忙用无线电发出警报："注意！不明身份军舰正在进港！"

但是已经太迟了。日军水上飞机于美军运输船上空投下照明弹，一个个挂在降落伞上的照明弹在美军军舰后方爆炸，"芝加哥"号和"堪培拉"号的侧影都显现了出来。"鸟海"号距离"堪培拉"号不到4,500米，"青叶"号距离5,500米，"古鹰"号更近一些。3艘日舰立即射击。

在"堪培拉"号的舰桥上，一个哨兵大声喊叫，说前方出现了一个模糊黑影。等看清楚时，才知道是一艘来历不明的军舰。舰上的人立即慌乱起来，正在此时，对面的军舰开始吐出火舌，两枚鱼雷立刻穿进了"堪培拉"的舰首。紧接着，数不清的炮弹呼啸而来，雨点般地砸击在船舷上，炮长当即被打死，主炮被打坏，舰身开始倾斜，大火沿着升降口的扶梯蔓延，甲板上的油毡着了火，使火势更猛。舱壁的油漆也着了火，军官起居舱的家具猛烈地燃烧了起来，熊熊大火照亮了整个夜空。

不到5分钟，"堪培拉"就失去了战斗力。

"帕特森"号用无线电发出警报后，又用闪光灯发出警报，并满舵左转。炮手们发射了一排照明弹。舰长瓦克中校喊道："发射鱼雷。"此时，日舰编队已转向东北航行，"帕特森"号以高速作"之"字运动，与日舰展开炮战。有备而来的日舰弹无虚发，一发炮弹很快落在"帕特森"炮位附近，打燃了备用弹药。接着，军舰就被探照灯照住，连续中弹，不久便失去战斗力。

在"堪培拉"号右前方担任警戒的美军驱逐舰"巴格利"号，于"帕特森"号发现日舰之后的几秒钟，也发现了敌情。它急剧向左转，以便使它的右舷鱼雷发射器能够瞄准目标，因舰身转得太快，鱼雷手还没有装好底火，该舰长亦没有等待，继续向左转了一个圆圈，直到左舷鱼雷发射器能够瞄准目标并进行射击时，却没有雷管。就在这么短暂的时间内，日舰编队已快速向东北方驶去看不见了，即使是已经瞄得很准的鱼雷也赶不上了。日舰驶过"巴格利"号时，与它相距不到一海里，但没有向它射击，因为日舰的炮口已瞄向更大的目标。

在这炮声震荡海面，闪光划破夜空的激战之时，巡洋舰"芝加哥"号舰长、接替去开会的克拉奇利暂任南线部队指挥官的包德上校正在蒙头大睡。当他被唤醒时，朦胧中听到观察哨报告："右舷发现鱼雷航迹！"随即下令："右转舵！"并指示立即发射照明弹。

然后他看见左前方有鱼雷驶来，又命令向左转，力图在鱼雷航道的中间穿过去。

包德上校刚刚登上舰桥，一枚鱼雷就打进了舰首，一道水柱升入空中后落到舰上，前甲板立刻涌满了水。包德立即下令发射照明弹，但为时已晚，数条鱼雷划破波浪，直接射过来。"芝加哥"号还没有来得及转舵规避，舰首再次被鱼雷击中，桅杆也被 1 发 203 毫米炮弹击中，"芝加哥"号连连开炮还击，但由于日舰速度很快，只来得及向日军队列最后的"夕风"号驱逐舰发射了 25 发炮弹，然后就失去了目标，只好向西退出战斗。

仅仅 6 分钟时间，南区盟军舰队就失去还手之力，不再作为一个战斗单位存在了。

三川随即全速向北区杀去。由于"芝加哥"号未将作战情况通知北区和东区，加上电闪雷鸣掩盖了南区的炮声和火光，北区美军全然不知日军已经杀来。1 时 43 分，美军驱逐舰"帕特森"发出的警报和日军飞机空投的照明弹，已经向北线部队表明有敌情。"昆西"号的水兵也听到头顶上有飞机的嗡嗡声，并断定这是敌机。不料被上司臭骂了一通，说他患了轻性歇斯底里症，弄得他再也不敢说话了。其他舰只即使发现上空的飞机，也一律以为是友机。巡洋舰"文森斯"号、"昆西"号和"阿斯托利亚"号顺次列成单纵队，驱逐舰"赫尔姆"号与"威尔森"号分别配置在两翼，正由西南转向西北航行。

1 时 45 分，在"阿斯托利亚"瞭望台值更的管制官，感觉到舰体在轻微颤动，他以为是美军驱逐舰在投深水炸弹，因为舰长威廉·格林曼上校近来反复指出，要注意防潜。实际上，那是日舰"鸟海"号向美国南线部队发射的鱼雷的爆炸声。

就在值班员沉思之际，忽然一声喊叫："左后方照明弹！"那是日军飞机在瓜达尔卡纳尔岛上空放的，把云层和海面都照亮了。值班军官下令准备战斗。

1时50分，日舰"鸟海"号从黑暗中射出探照灯光。不到一分钟，第一次齐射的炮弹就落在"阿斯托利亚"号周围。1时52分，"阿斯托利亚"号的6门大炮开始还击。

警报把舰长格林曼上校从梦中惊醒，他奔上舰桥，厉声质问："是谁下的战斗命令，是谁下令射击？"

直到此时，他仍然确信发现的目标都是友舰。"我认为，我们是在打自己的船，我们不要过于激动而草率行事，马上停止射击。"格林曼上校边走边朝周围的人嚷嚷。

当他发现巡洋舰"文森斯"号周围水花四溅时，才意识到大事不好。"开始射击。无论是不是我们的船，我们必须压制住他们。"

"鸟海"号向"阿斯托利亚"号已齐射4次，都没有命中，但射程已经测定并缩小了。第5次齐射打中了"阿斯托利亚"号的二号炮塔，炮手们全部阵亡。甲板起火，灭火水管全部破裂，使它成为瞄准的好目标。一发又一发的炮弹落到"阿斯托利亚"号上，射程从6,000米缩小到5,000米。为了使主炮便于还击，"阿斯托利亚"号稍向左转，全速前进，但因已丧失通讯能力，甲板上人员伤亡，装备毁坏，而且烟气窒息，火焰炫目，战斗效率大为降低。仅仅数秒钟后，炮台就被击毁，舰载机被击起火，12时25分，"阿斯托利亚"号沉没。

附近的重巡洋舰"昆西"号，因为有人被上司说成是患轻性歇斯底里症。因此，该舰后两次听到日军飞机声音时，再没人报告了。而此时，日舰"青叶"号已从后面接近，突然打开探照灯，把它照得通亮。"昆西"号还没来得及掉转炮口，一排炮弹已经飞了过来，停放在弹射器上的侦察机被击中，油库也跟着中弹起火。顿时，"昆西"号变成黑暗中一支巨大的火把，"鸟海"号及"古鹰"号等立即交叉射击，炮弹像雨点般打来。只一会儿功夫，这艘庞大的巡洋舰就搁浅了。一颗颗炮弹在"昆西"号舰桥上爆炸，上面的人几乎全部死光，尸体像布娃娃似的被抛到空中。它的左舷又被一枚鱼雷命中，舰身急剧地向左舷倾倒，蒸汽从烟囱里喷出。舰首开始下沉，穆尔舰长身负重伤，躺在舵前。他挣扎着爬了起来，但支持不住，又呻吟着倒了下去。

第二天凌晨2时38分，"昆西"号葬身海底。

"文森斯"号巡洋舰的舰长利弗科上校比较警觉，1时45分时，他感到舰身在微微震动，还看到南区有炮火闪光，但误以为是友邻在射击敌机，根本没想到是在进行海战，反而下令做好对空战斗准备。日舰接近到8,000米距离，先打开探照灯，随后就以所有炮火开始齐射，利弗科却以为是南区美舰，用报话机要求对方关掉探照灯，停止射击，还命令升起军旗，以表明自己身份，不料却招致更猛烈的炮火。

利弗科这才明白过来，下令开炮还击。但不久舰载水上飞机被击中起火，成为明显的目标，日军乘机关闭探照灯，在黑暗中朝着火光用炮火猛轰。

美舰"赫博斯"号在激烈的夜战中吓破了胆，舰长卡罗尔少校撇下那些燃烧的军舰及伙伴们，仓皇逃窜。"威尔森"号驱逐舰由于个头太小，日舰没有过多地理会它，从而保全了性命。

在萨沃岛北部担任早期预警的"拉尔夫"号舰长加纳罕少校，做梦也没有想到自己的后方会有敌人的舰队出现。2 时 15 分，向西航行的日舰"天龟"号向它打开探照灯并射击，日舰"古鹰"号和"夕风"号也向它开火，"拉尔夫"很快被命中。情急之下，加纳罕少校打开识别灯，用无线电高呼自己的代号，紧急请求支援。

这一手果然很灵，日舰害怕遭受报复，停止了射击，迅速离开。恰在此时，暴雨骤起，"拉尔夫"号得以劫后余生，歪着倾斜 20 度的舰体，于当日下午狼狈地逃回图拉吉岛。

面对美南线部队早已溃不成军，北线部队几乎全军覆灭的有利战局，日军若乘胜出击，那么，全歼瓜岛美军运输舰队，可谓囊中取物，易如反掌。可是，就在这千载难逢的关键时刻，最令人瞠目结舌、困惑不解的事情发生了。凌晨 2 时 20 分，三川从"鸟海"号发出信号：全体撤离。"鸟海"号加速至 35 节，驶到日军两路纵队前头，取西北方向，撤离战场。

战斗结束后，当联合舰队司令山本五十六得知有关情况后，连连指责三川没有攻击盟军的运输舰。

三川不是不想攻击盟军的运输舰，他有自己的想法。他考虑到自己的旗舰也受了伤，而且舰队又如此分散，重新组织战斗队至少要用一小时，等到把运输船击沉，天已放亮，回拉包尔的航程很长，大白天将受到美军舰载飞机的攻击。同时，舰队携带的鱼雷也消耗完了，所以他采纳了参谋人员的建议，没有去攻击美军运输舰队。但三川不知道，美军的航母编队已经离开了瓜岛。

日本史学家伊藤正德在他的《日本帝国海军的末日》一书中写道："如果三川能在瓜达尔卡纳尔消灭盟军的运输舰队，即使牺牲了他的整个舰队也是值得的。"

英国克拉奇利海军少将说："我军已经达到我们的目的，即防止敌军接近运输船。"猛一听，这似乎是败军之将的一种狡辩，但却从另一个角度阐明了萨沃岛海战的结局对美军来说是不幸中之大幸。

战后，史学家们评论说，如果当时三川全力攻击美军的运输补给船队，美军的这次远征就将陷入极大的困境，而瓜岛之战的历史、甚至整个太平洋战争的历史，都有可能重写。

这就是历史上有名的"萨沃岛"海战。战斗仅历时半小时，盟军就有4艘巡洋舰被击沉，葬身海底，成为瓜岛海面战斗祭坛上的第一批牺牲品。此外，盟军方面还重伤巡洋舰2艘、驱逐船2艘，被打死、淹死或被鲨鱼吞噬的官兵达1,270人。一连数日，被击中的美舰仍在熊熊燃烧。萨沃岛周围的海面漂浮着厚厚的一层油，到处是军舰残骸，半死不活的水兵紧紧抓住海面上的漂浮物不放……

东京各大报上，连续3天大吹大擂："瓜达尔卡纳尔岛攻防战大捷，美澳海军一触即溃，全线败退。"东京、大阪、奈良和京都等大城少不了又是彻夜的提灯晚会。裕仁天皇特地召集内阁成员和三军将领，举行御前酒会。酒会破例设在富丽堂皇的赤阪离宫里。这座离宫本来是接待来访的各国贵宾的国宾馆，但因战时皇居冷落，贵宾极少，所以在这里举行隆重的祝捷酒会。这一天，裕仁天皇充满雅兴，要召集文臣武将们为瓜达尔卡纳尔岛的首战初捷干一杯。会上，东条英机挥舞着拳头，大喊了一通，为前线将士呐喊助威：

诸君，自从中途岛出师不利以后，皇军又重整旗鼓，组成铜墙铁壁，在所罗门群岛一线与敌人展开决战。经过皇军几天来的浴血苦战，在天照大神的护佑下，昨天在萨沃岛出师大捷，已一举荡平敌舰队。这全靠皇军将士的英勇善战和帝国历代军神的得力庇护。看来，大东亚圣战的全面胜利，指日可待。现在我提议，为前线英勇的将士干杯，祝他们武运长久，再建殊功！

萨沃岛海战引起美国政府的极大关注。有人形容说此次战斗是美国海军作战史上最坏的一笔："在一场堂堂正正的战斗中，这大概是美国海军蒙受的最大失败。""美国舰队的这一次失败，几乎和珍珠港事件一样悲惨。"

尼米兹为此组成专门调查组，对事件进行调查。南线部队的指挥官包德上校无地自容，战斗结束后不久即自杀身亡。北线指挥官里夫科尔舰长罪责难逃，被免职后患了精神病。

No.3 盲目轻敌埋下祸根

萨沃岛海战的惨败，陆战第1师根本不知道。他们虽然听到了炮声，也看到了火光，可是他们万万想不到美国舰队会一败涂地。战斗刚刚结束，范德格里夫特从亨德森机场来到海滩，只见眼前一片蓝色而平静的海洋，战舰、补给船只全无影踪。原来，8月8日夜的海战，使美军的海上掩护力量大为削弱，为避免运输舰队遭到日本舰队袭击，驻扎在瓜岛附近的盟军运输船队被迫撤离，并在匆忙中将一些没来得及卸载的物资带走。

范德格里夫特被眼前的景象惊呆了，好半天说不出话来。当晚，他在日记中写道：

　　现在一切只有靠我们自己了，谁也不知道这种情况将持续多久。敌人的增援部队可以源源不断地开来，并可以随心所欲地从陆上、海上和空中向我们发起攻击。

　　陆战队第1师已经完全孤立，只有靠他们自己的力量来守卫瓜岛机场了，战斗才刚刚开始。范德格里夫特清醒地知道，除了自己，即使是上帝也不可能挽救驻扎在瓜岛上的美军。范德格里夫特一夜都没合眼，仔细考虑着对策。

　　第二天一早，他召集部下，召开紧急会议，并连续发出了几道命令：

　　1. 把海滩上的所有补给物资都运入岛内隐藏起来，以防日军飞机和舰炮火力的破坏。

　　2. 在机场四周建立起一个防御圈，修好跑道，以待美军的战斗机前来援助。

　　3. 由于美国舰队已经撤离，为防止日军从海上发起主攻，部队立即筑好工事并布置好防御力量。

　　4. 把坦克和炮队集结在防区中央，以便对防御区周围任何一个既定目标实施粉碎性轰击。

　　5. 把90毫米高射炮阵地布置在机场西北，而在机场正北设置了半履带式的75毫米炮阵地。这样，一旦需要，就能迅速开入海滩上的既设阵地。

　　同时，范德格里夫特紧急向上级求援，要求派遣更多的部队和补给。8月15日，美军1艘驱逐舰连夜冒险驶抵瓜岛，送来了飞机零部件、航空汽油和地勤人员。8月20日，海军陆战队航空兵第223中队的19架"野猫"战斗机和232中队的12架"无畏"轰炸机，从"长岛"号护航航母上起飞，降落在瓜岛机场。8月22日，"长岛"号又运来了第2批飞机，陆军航空兵第67中队的15架"飞蛇"战斗机。8月24日又有13架舰载俯冲轰炸机进驻。所有这些飞机组成了瓜岛岸基航空兵，飞行员见机场四周长满了仙人掌，就把自己这支小飞行队称为"仙人掌航空队"。自从"仙人掌航空队"进驻瓜岛后，形势立刻改观，由于美军岸基飞机的巨大威胁，日军只能使用驱逐舰在夜间高速通过相关海域，把部队和物资送上瓜岛，返回时顺路再炮击机场。

　　如同范德格里夫特预料的那样，日军一直积极准备从陆上进攻瓜岛。

　　日军最高统帅部得知美军在瓜岛登陆后，立即研究对策。8月13日，大本营针对当时的形势制定一个《新几内亚、所罗门群岛方面陆、海军作战中央协定》，明确规定，按既定计划迅速攻占莫尔兹比港，与此同时，以第17军团之一部协同海军歼灭瓜岛之敌，夺回岛上要地与机场。

　　8月14日，驻扎在拉包尔的日军第17军长百武晴吉中将接到陆军参谋本部的电令，要他"根据大本营的指示，决定与海军协同，乘敌在瓜达尔卡纳尔立足未稳之际迅速夺回该岛"。百武晴吉接令后，仔细研究了瓜岛形势，认为瓜岛美军最多不超过2,000人，有6,000

人就足以夺回瓜岛。由于正忙于其他方向作战，百武手头兵力不足，他决定先将不足 1,000 人的一木支队作为先遣队派出去。但是，百武做梦也没有想到，瓜岛此刻拥有 16,000 名美军官兵！

奉命前去夺取瓜岛的一木大佐，是 1937 年在中国挑起卢沟桥事变的马前卒，一木不仅有热带丛林地作战的指挥经验，而且残忍成性。像许多日军军官一样，在他的身上也害一种"胜利病"，对于此次登陆瓜岛夺回机场，他认为是轻而易举的事，根本没有想到会有去无回，全军覆没。

派出先遣部队的同时，百武晴吉从科罗尔紧急抽调川口支队 3,500 人，作为进攻瓜岛的第二梯队。川口清健接到改调他到所罗门群岛的命令，便本能地猜到任务的重要性。

川口指示各队队长给士兵发 3 个月的军饷，并告诉他们去执行一次非常重要的任务，许多人可能阵亡。"让士兵们把大部分钱寄回去，剩下的钱好好地吃喝一顿，让他们在这里尽情地度过最后一个晚上。"

8 月 15 日，川口支队的 3,500 名士兵，带着头一天晚上的余兴登上运输舰。在热带的阳光曝晒下，甲板滚烫。士兵们鱼贯进入宽敞的船舱，挤在各自的吊床上。

运输舰以 16 海里的时速沿东南方向拉包尔行驶了 3 天 3 夜。士兵们在甲板上转来转去，有的在哼军歌，有的懒洋洋地躺着，还有的在做体操。天气炎热，但士气仍然很高。晚餐时给士兵们发啤酒，提高了他们的情绪。他们夸口说，他们一点也不害怕美国人，只要在夜间进攻就行了。他们的训练手册上写道："西方人夜郎自大，毫无丈夫气，胆怯懦弱，最不喜欢雨天、下雾或夜间战斗。他们认为在夜间不应战斗，只适于跳舞。他们这些弱点是我们巨大的有利条件。"

士兵们津津有味地回忆他们如何轻而易举地征服婆罗洲，空军如何横扫东南亚。"我们的炮火打过后，连一片草叶子都没有了！"

不仅这些日本兵认为战斗很快就会结束，连守卫在瓜岛上的美国海军陆战队第 1 师的官兵也认为，他们只要打几仗，马上就会有其他部队来接替。

谁也没有料到，瓜岛的血腥战斗才刚刚开始。

第三章

战斗全面爆发

　　陆地上，日军在一木指挥官的率领下，一次又一次地发起自杀式攻击。海上，山本五十六集结了南太平洋的全部家底，向美军舰队挑战。瓜岛战役由此全面爆发。　一位日本军官评论说："我军夺取瓜达卡纳尔岛的计划不可避免地半途而废了。海战的结局进一步使瓜岛之战陷入了长期之争的局面，并为日本人最终在瓜岛一败涂地的结局埋下了种子。"

No.1 打不死的"日本佬"

8月16日，一木率领先头部队约1,000人分乘6艘驱逐舰从特鲁克起航，前往瓜岛。8月18日夜，日军在亨德森机场以东约30公里处顺利登上瓜岛。和当初美军一样，日军没有遇到一枪一弹的抵抗。一木电告拉包尔：

"我们登陆成功。"

百武接到一木的电报后，立即打电报命令他将部队集结待命，待川口支队抵达后，再一同去夺回机场。但一木骄横自负，认为美军不堪一击，不等后续部队到达，就留下125人守着滩头，率领900余人向机场扑去。

由于美军集中兵力防守机场，一路上日军没有遇到任何阻拦。一木以为胜利在握，满怀信心地向拉包尔的第17军军部报告："根本没有敌人，就像在无人区行军。"

登陆后，一木派出一个由34人组成的侦察小分队向西侦察前进。恰巧，瓜岛上的美军也派出一支侦察小分队向东侦察，两支侦察小分队于8月19日午后遭遇。登陆时的顺利使日军侦察小分队放松了警惕，在受到美军突然伏击时，日军侦察小分队当场被击毙31人，只有3人侥幸逃脱。

从缴获的物品中，美军发现，被击毙的日军与岛上残存的日军有很大不同。这些人胡子刮得很干净，服装比较新，衣袋和文件包里装着地图、密码和日记，上面清楚地说明，日军准备在美军防线东面进行侧翼进攻。美军一部分阵地也在日军地图上标绘出来了。

美军侦察兵立即将这些情况报告了范德格里夫特将军。此时，美军上下对日本人的军事心理缺乏了解，只道听途说日军的战斗力很强。尽管如此，范德格里夫特还是被弄糊涂了，他不相信日军竟自信到如此地步，千把人的兵力就敢向美海军陆战队两个加强团发动攻击。

范德格里夫特百思不得其解：日军可以在这条兵力单薄的防线上，任意选择一个点把相对优势的兵力投进去。但突破之后，美军却可以马上集中更优势的兵力，将他们击退。他们不可能把美国人赶下海去，或是守住这个机场，即使他们有能力攻占亨德森机场。

范德格里夫特马上判定，日军肯定不是为了要袭击机场上的飞机，而是要用偷袭的方式占领整个机场。

范德格里夫特马上召开作战会议。在作战会议上，与会人员一致认为，日军侦察兵将距机场东面不到两公里的特纳鲁河都标了出来，说明他们重点进攻的目标是美军的东线阵地，他们的目的可能是攻占机场或击毁机场上的美机。

情况万分紧急，范德格里夫特当即作出决定：第I团连夜进入东线阵地加强工事；史密斯上尉的战斗机中队立即起飞，搜寻日军主力部队可能集结的地区，一旦发现，立即实施空中打击；装甲兵营则做好充分准备，保持机动支援各条战线。

"尽快行动吧，让日本人尝尝我们子弹的味道！"范德格里夫特将军将拳头用力一挥。

参加会议的指挥官们迅速回到部队，立即开始各项准备。波罗克中校率领的陆战队第1团进入东线阵地后，于20日午夜完成了防御部署。

与此同时，一木正在一片椰林中整顿队伍，作进攻前的最后准备。这片椰树林位于一条流速缓慢的小河东岸，离机场差不多两公里。河的名字叫伊鲁河，美军登陆时错认为是特纳鲁河，索性就这么将错就错地叫下去。它是一条天然防线。一木认为，河对岸必定有美海军陆战队。在伊鲁河口，一木发现了一条宽约45米的沙堤，拦住几乎停滞的绿色河水，形成一座能通达到对岸的桥梁。

借着月光，一木看到东岸的美军阵地上拉着一道长长的铁丝网，但没有看到美军守卫人员。侧耳细听，也没有异常动静。

一木心里不禁乐了，他以为美军没有派人警戒，用奇袭就能达到目的，因而不仅没有带上炮兵，而且也没有要求海军实行掩护射击。

可是，一木没有想到，就在对岸的密林里，埋伏着的美军已经弹上膛，刀出鞘。

21日凌晨1时30分，一颗白色信号弹照亮了夜空。几乎与此同时，数不清的日本兵突然从树丛中涌出来。他们头上缠着白布条，端着明晃晃的刺刀冲向沙堤。高喊着"万岁！

在茂密的灌木丛中，美国海军陆战队队员正在坦克的掩护下搜索日军。

万岁！"

他们边跑边射击，还扔手榴弹，几乎把整个河口都塞满了。

跑在最前面的是各中小队队长，军官们光着膀子，举着指挥刀，率先冲过特纳鲁河口。

日军的一举一动，被潜伏在对岸的陆战第1团团长波罗克中校看得清清楚楚。他提醒部下：让敌人靠近些再打，没有命令不许开枪。

他看到日军分前后两个波次向沙堤接近，于是命令配置在阵地上的37毫米口径火炮的炮手瞄准沙堤中间，待第一波日军通过后立即炸毁沙堤，切断第一波敌人的退路，并且阻止第二波继续通过。

300名日军敢死队员冲上沙堤，前面的军官见没有遇到抵抗，便大声催促后面加快脚步。后续部队跟着拥出椰林，塞满整个河口。

团长波罗克中校见时机已到，一枪打倒了一个挥舞着指挥刀的日本军官，并大声命令："开火！"

刹那间，美军阵地上枪声骤起，轻重机枪像秋风扫落叶一样，击倒了几十个日军敢死队员。

一木看到这种情形，立即下令火力掩护。数十挺轻重机枪吐出火舌，子弹泼水似的射向对岸。

美军的火力如此猛烈，日本人却毫不退缩。他们高喊着："冲啊！"一边跑一边射击并扔手榴弹，"轰轰隆隆"的爆炸声震撼夜空。

日军军官踏着倒下的日本伤员和士兵的尸体，高举着军刀，冲在最前面。

看到日军如此勇敢，几个美国兵惊恐地喊叫："日本佬怎么打不倒呢！"

冲在最前面的日军已经越过沙堤，离美军阵地只有十几米了。波罗克中校大吼一声："投手榴弹！"

随即，他用力一挥，投出一颗手榴弹。手榴弹正好落在冲在最前面的十几个日军中间，随着"轰隆"一声巨响，日军倒下一片。

陆战队员们紧跟着投弹，一颗颗手榴弹接连不断地落在冲上来的人堆里，蹿起一团团爆炸的火光，大批日军敢死队员被炸倒在地，呻吟声此起彼伏。

当第2波日军冲到沙堤中央时，美军的37炮开火了。一颗又一颗炮弹接连爆炸，沙堤上横七竖八地布满日军士兵尸体。

透过炮弹爆炸的闪光可以看到，特纳鲁河的河水已经变成殷红的颜色。

冲在前面的日军停顿下来，后面的日军又冲了上去，聚集在一起的日军乱糟糟地挤成一团，不知所措。

波罗克中校不失时机集中火力，猛烈扫射阵地前的日军。机枪手用不着瞄准，随意地就能打倒成堆成堆的敌人。

终于，日军吃不住劲，抛下死伤者落潮般退去，不能逃跑的伤兵发出绝望的哀嚎，大骂抛弃他们的日本官兵。一些陷入绝望的日本兵拉响身上的手榴弹，在阵前自尽。

一个日军指挥官用战刀劈死几个败退下来的士兵，其他溃兵见状掉过头去，又向美军阵地冲去。

有少数冲进美军阵地上散兵坑的日军至死不退，他们用手榴弹炸毁美军的火力点，频频开枪射击周围的美军，这些为数不多的日军士兵大大牵制了美军的火力。

日军的后续梯队趁机冲上沙堤，发起更加猛烈的冲锋。

手举望远镜的一木一动不动地站在沙堤旁，任子弹"啾啾"划过身边。他看从沙堤上冲击十分困难，就命令神源率领他的中队迂回到特纳鲁河上游渡过河去，从侧翼策应进攻。

由于水流湍急，神源中队在渡河时就被淹死十多人。

但是，惨剧还在后面。

美军看到神源中队向上游运动后，也派出了一支部队与他们平行运动。发现他们开始渡河后，立即在对岸做好了"打猎"的准备。

神源中队的士兵头顶着步枪还没有爬上岸，迎面就射来一阵猛烈的子弹，枪声爆豆般响成一片，许多士兵还没有来及开枪，就倒在了岸边。

"冲啊，冲上去！"神源大吼着，率先向美军阵地冲去。

但在美军猛烈的火力封锁下，日军士兵根本抬不起头来，一个挨着一个趴在地上躲避弹雨。

一木从上游迂回攻击美军阵地的计谋破产了，而且还付出了惨重的代价。

现在，他只好又把希望寄托在从沙堤方向的进攻上。

在渗透进散兵坑的日军掩护下，日军后续梯队冲破沙堤，钻过炸毁的铁丝网，攻占了美军的部分战壕。

看到冲击部队从美军阵地上打出"我们已攻占敌人的前沿阵地"的信号，一木大喜。他把预先备下的烈性酒拿出来，准备为自己的部下庆功。一木不知道，自己高兴得太早了。

隐蔽待机的美军动用 37 炮，猛烈开火。沙堤被火力从中间切断，日军后续梯队被死死地封在了对岸。

前沿阵地上的美军官兵乘机发起反击，他们和日军激烈争夺着每一寸土地。

　　双方展开殊死肉搏，用刺刀、枪托甚至牙齿厮杀。有一个黑人士兵拼不过众多扑上来的日军，毅然引爆了整整一箱手榴弹。关键时刻，波罗克中校将预备队调上来，向突入的日军实施反冲锋。

　　在美军预备队的猛烈冲击下，日军被迫全线后撤。

　　激战至21日拂晓，美海军陆战队第1团巩固住了前沿阵地。

　　就在美军与日军在特纳鲁河一带激烈战斗之际，范德格里夫特给在亨德森机场待命的轰炸机下达命令，要它们在天亮时起飞，轰炸日军。

　　天刚刚放亮，"无畏"式飞机就一架接一架地升空。到达交战地区上空后，美国飞行员开始大显身手。航空炸弹铺天盖地落在沙堤上和特纳鲁河东岸，炸得日军死无葬身之地。

　　紧跟着，美军陆战队员们发起全线反击，眼睛布满血丝的美军士兵，像猛虎下山一样冲下河滩，势如破竹。

　　日军终于支持不住，溃退下来。走投无路的士兵纷纷跳下特纳鲁河，想游泳逃生，很快就成为美军的靶子，河面上漂满了尸体……

　　日军的进攻失败了。一木只好收集残兵败将，退进椰林里躲避美机的轰炸。

　　战场上顿时安静下来。范德格里夫特的心情并不轻松。他知道，躲藏在对岸的日军绝非等闲之辈，从他们的进攻可以看出，这是一伙亡命之徒。他们在遭到初次失败后，不会甘心。如果不把这些日军除掉，瓜岛就会不得安宁，甚至会使美军遭受重大损失。

　　范德格里夫特决定：干净、彻底地消灭特纳鲁河东岸的全部日军，一个都不让逃掉。

　　为此，他拨出5辆坦克给波罗克中校指挥，以加强他从正面进攻日军的突击力量。同时，他令克雷斯韦尔中校率领一个陆战营，从特纳鲁河上游约1.5公里的地方涉水过河，迂回到日军的后面，堵住他们的退路。

　　在经过充分准备之后，美军于8月27日下午发起了全面反攻。

　　当时，恰好雨后初晴。12架"无畏"式俯冲轰炸机首先向日军阵地实施空中打击。美机毫无顾忌地盘旋俯冲，贴着椰林树梢往下投掷炸弹。爆炸的声浪此起彼伏，滚滚的硝烟弥漫在特纳鲁河口。

　　在飞机轰炸的同时，美军的坦克炮和37炮猛烈开火。炮弹一发接一发地落到日军阵地上，炸得树枝和土块满天飞，不时有日军士兵的断臂残肢被掀到空中。

　　一木的残兵败将拼死踞守阵地，一些日军士兵被轰炸吓晕了头，惊慌地跳出战壕向椰林退去。

　　正在指挥抵抗的一木见有士兵逃跑，愤怒地大声骂了起来，拔出手枪连续击毙了几个逃兵。

此时，克雷斯韦尔中校率领他的部队已经迂回到日军后面，从日军的背后突然发起冲锋。

美军士兵如饿虎扑食般从椰林里冲出来，杀声震野，势不可挡。

波罗克中校指挥5辆坦克从正面发起冲击。坦克"轰隆隆"地冲上沙堤，压过一堆堆日军的尸体，直向东岸驱驰过去。美军陆战队员紧跟在坦克后面，潮水般地向前冲击。

一木抱着一挺机枪，两眼通红，大声对神源说："你马上组织爆破手挡住坦克，我来对付后面的美军。"

"支队长，你赶快撤吧，我来掩护你！"神源感到再抵抗下去只能是全军覆没，劝一木首先撤退。

"大日本皇军宁死不退！"一木怒气冲冲地说，"你别管我！"

"时间来不及了，你快走吧！"

"立即执行命令，不然我枪毙你！"一木一边喊着，一边用机枪朝冲过来的美军扫射。

神源看到一辆美军坦克快要冲下沙堤，抓起一颗反坦克手雷冲了过去。他利用树木掩护，接近坦克，突然跃起，把手雷塞进坦克履带。

"轰隆"一声巨响，坦克履带滚落下来，坦克瘫痪了。

后面的美军坦克推开第一辆坦克，继续前进，但明显地放慢了节奏。

在日军军官身先士卒的影响下，日军士兵士气大增。他们最大限度地发扬火力，向冲击的美军射击。美军士兵成排成排地倒下。

日本人的火力明显增强，克雷斯韦尔中校担心部队伤亡过大，命令部队停止冲锋，撤进椰林。

从正面进攻的波罗克中校也撤回部队，只留下坦克炮击日军阵地。

为数不多的日军，竟然仅凭手中的轻武器顶住了美国人有飞机、坦克和大炮的立体进攻，范德格里夫特不得不暗自佩服日本陆军的战斗力。

进攻受挫后，克雷斯韦尔中校和波罗克中校都要求美军飞机再次对日军实施轰炸。鲁普尔塔斯准将建议动用预备队，不给敌人喘息的时间，再次发起冲击。

范德格里夫特将军决定采纳他们的建议。同时，他对波罗克和克雷斯韦尔下了死命令：务必在黄昏前拿下日军阵地，不得用任何借口延误。

　　"无畏"式俯冲轰炸机再度出击，轮番对日军阵地进行"地毯"式轰炸，坚守阵地的日军无处躲藏，只得抱着脑袋趴在战壕里挨炸，大部分机枪火力点枪毁人亡。

　　一颗炸弹落在一木的指挥所旁，几名军官当场阵亡。一木胸前也中了一块弹片，顿时昏死过去。

　　克雷斯韦尔中校指挥由陆战队员组成的敢死队，再次发起冲击。美军士兵冒着弹雨勇猛冲击，用自动步枪扫射负隅顽抗的日军。

　　波罗克中校指挥停在沙堤上的4辆坦克向前推进，美军士兵跳出战壕，紧跟着坦克冲过沙堤。

　　黄昏时，日军企图向西南方向突围。5辆美军坦克压过沙堤朝椰林冲来，从坦克上的37毫米炮射出榴弹炮震耳欲聋。坦克推倒棕榈树，击毙日本狙击兵，压死走投无路的日军，直到坦克履带看上去好像"绞肉机"一样。

　　神源背起身负重伤的一木，指挥两挺轻机枪在前面开道，一路冲杀，向后撤退。美军的坦克和陆战队员尾随追击。被分割包围的日军绝大多数拒不投降，各自为战，有些绝望的日军官兵自杀。美军的坦克和陆战队员紧追着一木和神源，一直追到海边。一木和神源身后是波涛滚滚的大海无路可退，只好躲在树林后，做最后的垂死挣扎。

　　黄昏时分，美军发起又一次进攻。神源率部拼死抵抗，终于顶住了进攻，但他身边只剩下十几个人。美军从三面团团包围，日军已经没有退路，神源和其余人围坐在一起，清理着仅有的几颗手榴弹和不多的子弹，等待着最后的时刻来临。

　　这时，一木醒了过来。他听到神源介绍完情况后，知道末日到了。

▲ 在战斗中死亡的日本士兵。

他从神源手中拿过军刀，命令旗手烧掉军旗。旗手用颤抖的手划着火柴，点向破烂不堪的军旗。但被大雨浇湿的军旗怎么也点不着，神源把一木准备用来庆功的烈酒浇在军旗上，军旗终于燃烧起来。

一木跪立着，向军旗敬礼，其他人都默默地看着燃烧的军旗，泪水夺眶而出……

一木支持不住，又躺了下去。他神情冷峻地对神源说："全军覆没的责任，完全由我自己承担。请你设法冲出去，向川口将军汇报情况。我决定以死向天皇陛下谢罪！"

"要死我先死！"神源悲壮地说。

"你不要，总得有人把情报带出去！"一木沉痛地说，"拜托啦！"

此时，一木已十分虚弱，他用军刀支撑着站立起来，朝大家深深鞠了一躬，尔后跪在地上，将刀尖对准自己的腹部，双手用力插了进去。顿时，鲜血顺着刀口涌了出来。

在美军铁桶般的合围下，椰林内日军尸横遍野。凡是坦克经过的地方，履带把日军尸体碾压得血肉模糊，惨不忍睹。

神源和一名士兵跳入海中，只留鼻子在水面上呼吸，这才死里逃生。天黑以后，神源从海里爬出来，沿着海岸失魂落魄地逃回去。

日军第一次陆上进攻彻底失败了。

No.2 一厢情愿的诱歼计划

8月21日夜，百武得知一木支队被歼，非常震惊。这才意识到瓜岛美军并非是小股部队，遂决定向瓜岛派遣增援部队。

与此同时，日本大本营获悉了另外一个更惊人的消息：美军正把大量岸基飞机派驻瓜岛。这预示着，形势的发展远远超过了大本营原来的估计，美军占领瓜岛并非固守战线，而是开始反攻。大本营指示：必须抢在美军巩固瓜岛防务之前将其夺回，以制止盟军的反攻。为此，大本营紧急修改作战计划，指令联合舰队全力出击，消灭盟军舰队，压制瓜岛的美军火力，掩护陆军部队登陆，于8月底之前坚决夺回瓜岛。

自中途岛失利后，山本五十六一直寻找机会报仇雪耻。他忽然听说所罗门群岛一线打出了名堂，立即精神振奋，为雪洗 中途岛之耻，当日向军令部请战。山本认为，联合舰队进驻瓜达尔卡纳尔，可以把美舰队诱出来，进行一次海上决战。山本制定了一个新的作战计划：用第8舰队来保障陆军增援部队的安全，以联合舰队主力乘机诱出美军的航母编队并消灭之。为实现这一企图，他几乎动用了在南太平洋的全部家底，分为5部分投入作战：

第一部分是先遣群，编有主力舰 1 艘，水上飞机母舰 1 艘（"千岁号"），载有水上飞机 22 架，巡洋舰 6 艘，驱逐舰 8 艘，负责侦察敌舰队的动向，并将其引向主力所在方向，当主力与敌交战时积极给予支援掩护。

第二部分是牵制群，编有轻型航母 1 艘（"龙骧号"），载有战斗机 16 架和鱼雷机 21 架，巡洋舰 1 艘，驱逐舰 2 艘，负责设法吸引美军航母的舰载机，为主力的攻击创造条件。

第三部分是主力群，由南云指挥，编有航母 2 艘（"翔鹤号"和"瑞鹤号"），载有战斗机 53 架、轰炸机 41 架、鱼雷机 36 架，战列舰 2 艘，巡洋舰 4 艘，驱逐舰 12 艘，担负主攻任务，当美军舰载机被牵制群吸引时，乘机攻击美军航母。

第四部分是对岸射击群，编有巡洋舰 4 艘，以舰炮火力轰击瓜岛美军机场和阵地，为增援群的行动提供火力准备和支援。

第五部分是增援群，由田中赖三少将指挥，以 1 艘辅助巡洋舰和 4 艘旧驱逐舰改装的快速运输舰运送 1500 人的地面部队，由 1 艘巡洋舰和 8 艘驱逐舰护航，负责将地面部队送上瓜岛。

山本亲自乘"大和"号战列舰，由 1 艘护航航母和 3 艘驱逐舰掩护，位于所罗门群岛以北海域实施全面指挥。山本的如意算盘是：以身轻力薄的"龙骧"号轻型航空母舰为"诱饵"，吸引所有的美舰载机，一旦上当的美机油尽返航时，迅速出动南云航空母舰上的全部日机，一举击沉美航空母舰。预计在全歼美舰队之后，日舰队再乘胜挥师，向瓜岛挺进，以猛虎下山之势，直扑"铁底湾"，炮击亨德森机场，同时遣送登陆兵上岸，彻底消灭美海军陆战队，攻占瓜岛机场，这就是山本五十六加紧推行其收复瓜岛机场的"KA"作战计划。

8 月 17 日，山本披挂上阵，率领庞大的舰队从日本本土出发，赶往所罗门以北海域。

不料，舰队行驶在途中，山本大将收到一份前线报丧的急电：一木率领的先头部队战斗失利。接到这一消息后，一位参谋诚惶诚恐地提醒山本："报告司令长官，我看，美军在瓜达尔卡纳尔岛上的兵力不可低估。在没有确切了解敌情之前，我们千万不能贸然行动！"

"没有问题，我们的后方补给在拉包尔，而不在日本本土。这个你懂吗？"山本板着严肃的脸，胸有成竹地说。山本率领舰队继续南行，于 8 月 20 日驶抵南太平洋海域的拉包尔基地。他立即同第 17 军计谋协同夺回瓜岛，歼灭美军在瓜岛的舰队。山本的作战计划是：以一木支队的残部和山口舰队的主力，配合联合舰队，共有各型战舰 80 余艘，官兵 8,000 余名，突击夺岛，诱歼美舰，雪洗中途岛战役失败的耻辱。

8 月 21 日，天刚破晓，朝晖映在海面上，远处波光粼粼。山本五十六率领"五把尖刀"劈开黎明的海面，驶离特鲁克军港。8 月 23 日，庞大的舰队集结在所罗门群岛东北 200 海里的洋面上，伺机反扑。

然而，这只是山本五十六的一厢情愿。事实上，他的一举一动都没有逃脱盟军的监视。早在萨沃岛海战结束后，盟军深切感到，如果不能掌握瓜岛的制海权和制空权，就无法对岛上部队进行补给和增援，那样瓜岛也将得而复失。鉴于萨沃岛海战中损失惨重，海军作战部长诺克斯上将决定从美国本土及珍珠港等地区抽调舰艇加强南太平洋的盟军力量。但这些舰艇尚未到达，澳大利亚在所罗门群岛各岛屿所设立的海岸侦察哨就报告说："日军已在特鲁克海区集结了一支庞大的舰队，其编成为 2 至 4 艘航空母舰，2 艘战列舰，12 艘巡洋舰，20 余艘驱逐舰，15 艘大型运输舰，160 多架岸基轰炸机和战斗机。"

日军联合舰队主力从特鲁克南下，显然极有可能采取重大行动。如果日军的企图如愿以偿，不仅瓜岛上的美军因丧失补给而陷入坐以待毙的绝境，而且将丧失瓜岛这一重要的攻占所罗门群岛的前哨阵地，从而导致"瞭望台"战役计划的垮台。

盟军南太平洋地区司令官戈姆利立即指令南太平洋海军司令弗莱彻海军中将：务必保护通往所罗门群岛的航线，并筹划迎敌之策。同时令第 61 特混编队紧急赶往瓜岛水域。又应戈姆利请求，从珍珠港增调航空母舰"大黄蜂"号，前往瓜岛。

海军总司令金上将得知南太平洋的有关情况后，万分焦急。他担心弗莱彻的实力太弱，不足以抵抗日军的攻势。于是，他紧急命令刚下水的 3.5 万吨级的战列舰"南达科他"号和"华盛顿"号以及担任护航的巡洋舰、驱逐舰，全部出动，取道巴拿马运河，昼夜赶赴瓜岛海域。

与此同时，驻扎在瓜岛机场上的美军两个战斗机和轰炸机中队，奉命 24 小时警戒，

▲ 美国海军陆战队员在椰林里与日军激战。

严密地监视着周围敌机的动向。

瓜岛的气氛越来越紧张，令人惊恐不安的突然袭击和夜间日军驱逐舰的摧毁性炮击，以及日军水上飞机频繁骚扰，都预示着一场大战即将来临。整个岛上充满了恐怖的气氛。

一位著名的历史学家说：

一支小小的美国海军陆战队对遥远的南太平洋岛上的一座丛林机场的突然袭击，本来是一个无足轻重的军事行动，但现在却要发展为一场决定太平洋战争前途命运的大海战了。

No.3 山本阴谋的破灭

8月23日凌晨，第61特混舰队终于到达瓜岛以东150海里的洋面上，形成挡住日舰进攻的第一道防线。这支特混编队是由三股打击力量拧成的：一是由弗莱彻亲自指挥的以航空母舰"萨拉托加"号为主，外加巡洋舰"明尼阿波利斯"号、"新奥尔良"号和5艘驱逐舰组成的第11特混编队；二是由金凯德少将指挥的由航空母舰"企业"号、巡洋舰"波特兰"号、"阿特兰塔"号和6艘驱逐舰组成的第16特混编队；三是由海军少将诺伊斯指挥的以航空母舰"大黄蜂"号为主的第18特混编队。

美军特混舰队一到，立即以战斗姿态在海面巡游。

9时50分，美侦察机发现了日军联合舰队中打头阵的田中编队，立即向弗莱彻发回急电："由巡洋舰2艘、驱逐舰3艘护航的日军登陆输送队，以17节的航速向瓜达尔卡纳尔岛行驶。"

弗莱彻接电后立即行动起来，决心歼灭这支日舰编队。下午2时45分，由31架轰炸机和6架鱼雷机组成的攻击队呼啸着飞离航空母舰，前往预定海域空袭日军瓜岛增援群。一个半小时后，瓜岛上的"仙人掌航空队"也派出23架飞机前往助战，这两支空中力量无疑将给日本瓜岛增援群以致命的打击，田中就要大祸临头了。

可是，当美机到达指定海域后，却没有发现日军舰队的踪影，海面上一片白茫茫、空荡荡。搜索了一阵也一无所获，美机只得在黄昏时扫兴而归。

夜里，弗莱彻又派出5架水上飞机前去搜索，依旧一无所获。

田中的瓜岛增援群究竟到哪里去了呢？

原来，老奸巨猾的田中也发现了美军侦察机，为确保舰队安全，他下达了"航向西北，全速前进"的命令，将舰队规避到美军轰炸机的战斗活动半径之外，使美机连连扑空。

晚18时，由近藤中将指挥的实力雄厚的瓜岛前卫群，驶抵田中以东40海里的海面，为了迷惑美军，这支舰队没有继续南下，而是转向西北。

8月24日日出前，日军作为"诱饵"的以"龙骧"号为主的牵制群首先再次转向东南，晨6时，全部日舰也都转向东南，向美军接近。

三批美机都没有发现日军舰队，因此，太平洋舰队情报处认为：日军的航空母舰一定远在特鲁克一带。

弗莱彻也判断说："在最近几天内不会发生大的战斗。"随后，他便放心大胆地命令诺伊斯率领的以航空母舰"大黄蜂"号为主的特混编队去南方加油。

弗莱彻大错特错了。

日本舰队南下而来，所罗门海战处在一触即发的危急时刻。

由于诺伊斯编队去南方加油，使弗莱彻在临战前的关键时刻少了1/3的兵力。更令人震惊的是，大兵压境，弗莱彻还蒙在鼓里，毫无察觉。

8月24日晨，美军两个编队到达马莱塔岛东南海域，而日军的大多数战术群也到达这一海域，双方相距300余海里。通过先前的侦察，对方都知道附近有敌人，只是不清楚具体位置。

8月24日上午，大雾笼罩着海面。日舰队在雾气中时隐时现。9时，日舰队的阵位是：田中的增援群位于瓜岛以北50海里处；南云指挥的"翔鹤"号、"瑞鹤"号航空母舰在田中东南40海里的方位作掩护；以"龙骧"号为主的牵制群在南云部队的右前方。

24日11时，美军航空母舰"萨拉托加"号的雷达发现一架日军侦察飞机，距离20海里，立即派出4架战斗机前去拦截，并将其击落。与此同时，由岛上起飞的一架水上机于9时50分在位于美军第61编队的西北280海里处，发现了山本精心设计的"诱饵"——轻型航空母舰"龙骧"号。这是一艘日本在1933年建造的最早的航空母舰，排水量仅8,000吨。在此次战斗中，该舰不仅充当"诱饵"，还负责对瓜岛上的亨德森机场进行轰炸。

由同一基地起飞的另一架飞机发现日军这个牵制群，立即发回电报。

弗莱彻将军闻报后将信将疑。昨天3批美机都未发现日军舰队，难道这一支是从海底冒出来的吗？

弗莱彻不大相信，没采取攻击行动。但他也不敢掉以轻心，立即命令"企业"号派出飞机进行侦察。

美军闻风而动，至12时29分，共有23架侦察机和轰炸机轰隆隆地飞翔在瓜岛周围宽阔的海面上。

下午1时前后，美军的雷达警戒规忽然发现很多空中目标，雷达荧光屏上的闪光表明，距离100海里处，有日机朝瓜达尔卡纳尔飞来。不久，传来了令弗莱彻震惊的消息：大批日本战斗机和轰炸机从云中钻出，正在猛烈袭击瓜岛上的亨德森机场。

　　直到此时，弗莱彻才感到形势有些不妙，日本舰队就在附近，而不是像原先估计的那样，远离瓜岛。

　　事不宜迟，弗莱彻迅速采取行动。不到15分钟，"萨拉托加"号航空母舰上的30架轰炸机和8架鱼雷机腾空而起，呼啸着前去攻击"龙骧"号。

　　刚把攻击机群派出去，一连串更加不祥的情报纷纷灌进弗莱彻的耳朵，搅得这位指挥官晕头转向。

　　14时，1架水上飞机员报告说，在日军牵制群东北60海里处发现了日军的航空母舰。

　　接着，由航空母舰"企业"号起飞的侦察机发回来几个惊人的报告：发现日军一艘航空母舰，方位317度，距离不到200海里。

　　14时30分，又发现日军主力群的2艘航空母舰，方位340度，距离198海里。

　　10分钟后，报告又来了，说同时发现日军4艘巡洋舰和几艘驱逐舰。

　　弗莱彻顿感恐慌，局势显然对他不利。美军已有51架轰炸机、15架鱼雷机在空中执行侦察、攻击和防潜任务，在两艘航空母舰飞行甲板上只剩下14架轰炸机和12架鱼雷机。更令他恼火的是，航空母舰与升空飞机之间的通讯联络极不通畅，他想命令那批攻击"龙骧"号的美机中途转向，去攻击日本的那两艘大型航空母舰，但没有联系上。

　　14时，"企业"号上的所有飞机都做好了战斗准备，但是没有下达起飞的命令，因为目标太远，返航时须在夜间降落。弗莱彻认为，日军侦察机已经发回报告，敌人已经知道美军航空母舰的位置，他必须准备日军前来空袭，于是加派了战斗机进行空中巡逻，并增加在甲板上待命的战斗机。

　　15时15分，由美军航空母舰"企业"号上起飞的两架侦察机发现日军航空母舰"翔鹤"号，并进行了攻击。14时40分，另外两架侦察机攻击了日军的前卫群。同时，从"萨拉托加"号上起飞的38架美机神不知鬼不觉地到达"龙骧"号上空。这时，"龙骧"号正转向逆风行驶。美机抓住有利的攻击时刻，立即展开围剿。轰炸机从1,200米高空排山倒海般扑来，有4颗炸弹在"龙骧"号甲板上爆炸。一枚鱼雷命中目标，有10颗左右的炸弹在甲板上爆炸。全舰被大火和浓烟笼罩，舰体很快向右舷倾斜，转眼之间就动弹不了。当晚8时，这只"替死鬼"终于凄惨地沉没了。

　　当"龙骧"号作为山本计划的牺牲品受到美机如狼似虎的攻击时，南云反而喜形于色。他以为美国人已经中了调虎离山之计。

　　15时7分，南云派出80余架日机对美航空母舰进行首次打击。

　　美军第16特混编队在第61特混编队西北10海里处，弗莱彻命令航空母舰"企业"

号负责引导战斗机。16 时 20 分，舰上的雷达发现了许多空中目标，这是前来进攻美舰的日军机群。

弗莱彻急令甲板上待命的飞机起飞，前往截击。很快，53 架"海猫"式战斗机腾空而起，在空中紧急待命。同时，"企业"号上仅有的 11 架轰炸机和 7 架鱼雷机也起飞去攻击日舰，"萨拉托加"号上的 5 架鱼雷机和 2 架轰炸机也起飞，与其合兵一路。

至此，弗莱彻已把全部"家底"推了出去。

只一刻功夫，在距离"企业"号航空母舰 42 海里的地方，一场空中战斗就打响了。截击日军机群的美战斗机深知责任重大，毫不相让，拼死朝日军飞机猛扑过去。一架美军飞机高速接近一架飞来的飞机，正欲把它打下来，一看原来是自己的一架返航的侦察机。

情况紧急，为了避免误伤，"企业"号的战斗机引导官立即发出指令，要求所有侦察机都要让开。16 时 25 分，在西北上空的一个战斗机小队报告："发现 36 架敌轰炸机。高度 1.2 万米，在它们的上方还有许多飞机。"

美军的战斗机引导官竭力想在日军飞机展开和到达航空母舰上空之前，把日军飞机击落，但通信网络仍旧阻塞，引导截击的指令发不出去，急得他如同热锅上的蚂蚁。

16 时 29 分，日军飞机距美航空母舰"企业"号不到 250 海里，展开成几个小群。由 36 架日军俯冲轰炸机和 12 架鱼雷机组成的第一攻击波，在 24 架战斗机的掩护下，渐渐逼近美舰队。

早已升空待命的美军飞机一发现日机，立即迎了上去。双方机群在浓密的云层中摆开阵势，一场残酷的殊死空战开始了。天空中充满了空战那种特有的尖利刺耳的喧嚣声。攻击"龙骧"号后返航的美"无畏"式俯冲轰炸机和"复仇者"式鱼雷机，也不失时机地赶来参加这场空中恶战。美机勇敢地冲击，打乱了日机队形，但仍有几十架日本俯冲轰炸机突破拦截网，直取航空母舰"企业"号。

情况万分危急，"企业"号奋力反击。舰面发射的炮弹在空中纷纷开花，将雪白的云朵染上一团团黑色的墨迹。日军飞机不顾伤亡，仍然冒死前冲，最终仍有 20 多架俯冲轰炸机接连突破了美军火力防护网。16 时 41 分，第一批进入目标的日机进行俯冲，在不到 1,500 米的高度上投弹。

"企业"号大祸临头了。舰上的一名军官感到大事不好，一时心急地用手枪朝着直冲下来的日军轰炸机射击，直到把子弹打光为止。"企业"号舰长戴维斯海军上校拼命用大舵角急转，规避炸弹。至 16 时 43 分，"企业"号共中弹 3 颗。第一颗炸弹发出刺耳的尖叫，斜着落向甲板。这大概是一颗定时穿甲弹，当其穿过第一、二层甲板时并未爆炸，当到达第三层甲板水手长舱旁时，轰然一声发出惊天动地的巨响，舱里的人当场死亡。一分钟后，第二颗装有瞬发雷管的炸弹，命中"企业"号舰尾升降机的右侧。橙色的火花四溅，紧靠炸点的人顿时血肉横飞。第三颗炸弹将起飞信号台炸掉，舰面烈焰冲天。紧接着，一颗炸弹落到舰舷旁，掀起了巨大的水柱，溅落的海水几乎一下子扑灭了前一颗炸弹引起的熊熊大火。很快，"企业"号舰体就倾斜了，舰面大火也相当猛烈，幸而舰上的消防人员干得相当出色，不到一小时，"企业"号火势被扑灭，航速开始恢复。虽然身负重伤，但仍能撑转船头，迎风顶浪，接应返航的飞机。弗莱彻立即命令1艘巡洋舰和4艘驱逐舰为"企业"号护航，驶返珍珠港进行修理。

16时55分，美舰队再次面临危险。日军的18架轰炸机，9架鱼雷机和3架战斗机组成的第二攻击波，逐渐向弗莱彻逼近。岂料，当这些飞机飞抵美舰附近正欲投弹时，燃油却不足了，于是被迫返航。美舰队幸运地避免了一次致命打击。

由于从"企业"号上起飞的美机没有找到目标，日军两艘航空母舰安然无事。从"萨拉托加"号上起飞的鱼雷机和轰炸机于战斗开始后发现了近藤率领的前卫群，但由于缺少攻击力量，没有给日军舰队造成大的损伤，只击伤了日本水上飞机母舰"千岁"号。

弗莱彻接收了出击的飞机后，天色已黑，为避免夜战，立刻率领舰队向南撤退。

当晚24时，山本下令撤出战斗。

这次战役，日军和美军各有损伤，不分胜负。但从战略上讲，这次海上大战粉碎了山本妄图孤注一掷、击溃太平洋舰队，迅速拿下瓜岛机场的战略企图。正如一位日本军官评论的那样：

我军夺取瓜达尔卡纳尔岛的计划不可避免地半途而废了。海战的结局进一步使瓜岛之战陷入了长期之争的局面，并为日本人最终在瓜岛一败涂地的结局埋下了种子。显然，这绝不是一场无足轻重的战斗。

第四章

"血岭"屠杀

严阵以待的美军官兵无不目瞪口呆，这哪是一场现代战争？简直像重新回到了古战场，日军指挥官也太没有人性了，怎么能看着他的部下走进现代的"屠宰场"！美国人可能永远也不会明白，这就是大和民族所推崇的"武士道"精神……双方激烈争夺的高地上，茂密的丛林面目全非，只剩下几株光秃秃的树干，地上血流成河，到处是战死者的尸体，散发着令人作呕的臭气。这个高地因此被称作"血岭"。

No.1 害人的"武士道"

日军只顾寻找美军航母决战，却忘了保护增援群。增援群 23 日被美军发现后，指挥官田中果断地向西北退避，这才避免遭到攻击。直到萨沃岛海战结束后，24 日 12 时，日军的增援群才再次掉头南下，准备将增援部队送上瓜岛。

8 月 24 日 9 时 35 分，增援群到达马莱塔岛以北海域，又被美机发现，瓜岛的"仙人掌航空队"立即起飞 8 架"无畏"俯冲轰炸机进行攻击。日军增援群中主要的运输船"金龙丸"号被击沉，旗舰"神通"号巡洋舰和另 1 艘驱逐舰被炸伤。不久，从圣埃斯皮里图岛起飞的 B - 17 轰炸机也赶来助战，将"睦月"号驱逐舰击沉。

显然，在美军轰炸机眼皮底下向瓜岛进行大规模运输是不现实的。正在此时，拉包尔给田中发来急电，命令他立即取消原定行动，立刻返回肖特兰。

直到此时，日军才认识到：海军大部队已经撤离，没有足够的空中力量压制美基地航空兵力，不能保证大规模运输的安全。因此，必须放弃依靠船队增兵瓜岛的念头，寻找其他可靠的运输方式。

8 月 29 日上午，返回肖特兰岛的田中遇见原定要指挥对亨德森机场第二次进攻的川口。川口刚刚取道拉包尔抵达肖特兰。他一见到田中，就要求海军尽快把他的 3,500 人运上瓜岛。田中吃过美军轰炸机的苦头，因此劝说川口改乘驱逐舰。川口开始不答应，并嘲笑田中说："你知道一木支队为什么全军覆灭吗？就是因为他们乘驱逐舰，没能带上足够的装备和粮食。"

但田中毫不退让，双方争论了一整天，最终不欢而散。次日，他们继续就如何运送部队到瓜岛进行商讨。田中根据自己的亲身经历，反复说没有飞机的掩护，乘坐运输船等于白白送命。川口最终同意了田中的意见。

意见统一后，川口把手下的军官集中在运输舰的饭厅里，告诉他们要换乘驱逐舰去瓜岛。但联队长冈明之助大佐认为即使改乘驱逐舰也很危险，他说："我认为不如乘小汽艇好，我们可以秘密地在岛与岛之间迂回行动。"

天热得使人喘不过气，两人你一言我一语，对于是乘坐驱逐舰还是小汽艇争论不休。为了尽快行动，川口最后作了妥协，他说："我本人率主力部队乘驱逐舰去瓜岛，司令部人员和第一大队则由冈明大佐率领，乘汽艇前往瓜达尔卡纳尔。"

说罢，川口走到一幅巨大的地图前，具体地布置了任务：川口本人率领 2,400 人乘坐驱逐舰，在塔伊乌角即一木曾经登陆的地方上岸。冈明大佐及其余的 1,100 人在亨德森机场西面 16 公里左右的卡库姆被纳登陆。一旦登陆成功，从这两地出发，川口与冈明两人将同时向纵深挺进，包抄到亨德森机场后面，联合进攻。

受所罗门群岛海战的影响，日军最终改变了用运输舰输送登陆部队上岛的既定计划，而是改用驱逐舰和快艇运兵。日军将这种输送登陆兵的方式称为"东京快车"，美军则戏称为"老鼠运输"。

8月30日，第一批增援瓜岛的日军开始出发。指挥官川口站在一个装苹果酒的空箱子上，对部下作了简单的战斗动员，他说：

"诸位，我认为，我们的信仰就是我们的力量。英勇作战者从不怀疑能否取得胜利，要航行300海里才到达战场，很可能在途中就遭到敌人攻击。我们必须做好这方面的思想准备。不过，我们是受过训练的，难道不是吗？我向你们全体发誓，一定要粉碎敌人，向瓜达尔卡纳尔挺进，最终夺取它。"

"向瓜达尔卡纳尔岛挺进！"

"我们庄严宣誓，一定血战到底！"一个军官高呼，举杯祝酒。

冈明之助大佐举杯预祝川口将军，预祝联合进攻成功。

当天午夜，川口支队全体人员都改乘驱逐舰或汽艇，向瓜岛进发。8艘驱逐舰成并列队形，以26海里的时速朝东南方驶去。在船舱里，机声震耳，热得令人窒息。天空阴沉沉的，浓云密布，海水不时打上甲板。

入夜，船队渐渐抵近瓜岛。驱逐舰猛烈地颠簸着，在黑暗中全速前进。它们的航迹犹如无穷无尽的烟花。水面上，亿万萤火虫在来回飞舞。在半海里外幽然出现了陆地的黑影，这就是瓜岛的塔伊乌角。

汽艇和划艇被放下水面，士兵们悄无声息地下到小艇上，踉踉跄跄地走上沙滩。

此时，正是黎明时分，成群的萤火虫落在士兵的腿上，把他们的下半身都照亮了。不一会儿，在长长的岸上，活跃着发光的人群，组成了一条荧光闪闪的长蛇阵，煞是壮观。

士兵们掩蔽地朝丛林中走去。突然，一个声音传来："你们是哪个单位的？"

紧接着从林中闪出一个黑影，这个黑影原来是一个穿着褴褛军装的日军士兵。又有几个影子从丛林中闪了出来，像鬼魂似的。原来他们是一木第一梯队的幸存者。

"见到你们，实在是太高兴了。"一个面黄肌瘦的士兵说，"快把你身上那些鬼虫子抖掉，不然会被敌人的飞机发现。"他指着地面，颤抖着说，"在沙地上留下脚印等于自杀。"

说完，这个士兵熟练地用棕榈叶子把地上的脚印扫掉。他们边扫边退回丛林。

川口向驱逐舰敬礼告别，率部进入丛林，后续部队还在源源不断地登陆。

天黑得伸手不见五指，每个人都必须把一只手搭在前边人的肩膀上。队伍来到一条小

河边，有棵树倒在河上当桥梁。看不见河水，但从流水声判断，河是很深的。每个人都小心翼翼地沿着这棵滑溜溜的树爬过去，有些人被吓得魂不附体。

过了河后，脚像是踩在软绵绵的海绵垫上。士兵们就这样深一脚浅一脚地走着。一会儿，巨大的雨点穿过密得像雨伞似的树叶，接着便下起阵雨。小路越来越难走，遍地都是荆棘、野藤和盘根错节的树根。

走了一会儿，川口停下来，士兵们席地而坐。大家累极了，很快就有人在大雨中睡着了。正睡得香时，又被叫醒，继续摸索着向前走。

拂晓时分，川口率领部队终于来到预定集结地点塔伊乌角西面的一个荒无人烟的村庄。在这个村里，部队吃了踏上瓜达尔卡纳尔以后的第一顿饭。饭盛在像望远镜盒的金属饭盒里，盒子里装的是出乎意外的好饭菜：雪白的米饭、整条的干鱼、鱼酱和熟牛肉。

突然，一阵轰隆隆的声音从远处传来，打断了士兵们的早餐。"敌机！"有人惊呼起来，军官赶紧命令士兵卧倒。

远处传来美机的沉闷的马达声，片刻之后，十几架美军飞机低飞过来，把树叶震得沙沙作响，朝塔伊乌角飞去。

原来，从亨德森机场起飞的美机，发现了日军的驱逐舰。1,000多名后续登陆的日军被大浪所阻，无法上岸，"野猫式"战斗机及俯冲轰炸机沿岸狂轰滥炸，使这股登陆的日军大部被歼。整个上午，美军飞机不断沿岸搜索，曳光弹一个接一个打进昏暗的丛林中，炸弹随即呼啸而下，爆炸声震撼着大地，不时有日军士兵被炸死。

当晚，部队睡在村里一个废弃的茅屋内。半夜十分，突然传来一阵激烈的枪声，把所有人都惊醒了。警备部队马上集合，在黑暗中朝沙滩上的目标慌乱地开枪。

黑暗中，隐隐约约地可以看见30米外有一艘登陆艇的轮廓。

"开火！"川口命令部下。

子弹在登陆艇周围跳跃，但对方却没有回击。有人用日语喊道："我的胳膊，我中弹了！"

"停止射击！"沙丘后面的一个军官喊道，"他们是自己人。"

"喂！"沙滩上传来喊声。原来，他们是一木支队第二梯队的人，是前来接应川口的。

枪声惊动了美军。几分钟内，丛林便被照明弹照得如同白昼一般，飞机也赶来扫射和轰炸。

虽然已被美军发现，但川口却拒绝撤退到其他安全的地方。按照预定的作战计划，他必须从这里发起进攻，与在亨德森机场另一端的冈明之助联队配合。

此后几天，川口支队一直坚守阵地，焦急地等待着其他部队。美军飞机每天都来轰炸和扫射丛林，在美军的轰炸之下，整个地区都成了焦土，到处是弹坑和冒烟的树干。士兵不敢生火，只靠吃水果和生米充饥。

9月4日夜间，日军不顾美军阻截，以同样的运输方式将部分日军送上瓜岛。此后，9月5日、9月7日夜，冈明大佐的部队也到达瓜岛。至9月7日，登陆瓜岛的日军已达8,400人。

其他部队陆续登陆瓜岛，川口也开始行动起来。9月8日，川口到达科利角附近，开始作进攻前的最后准备。按照作战部署，这次作战将兵分三路向瓜岛机场发起进攻。一路由川口亲自率领，沿海滩前进到伊鲁河，再溯河而上3公里，从正面进攻瓜岛机场。第二路由炮兵及一木支队的第二梯队绕到机场后方进攻。第三路由冈明大佐的1,100人，从机场西面发动进攻。

总攻时间定在9月12日晚9时。

从纸面上看，川口制订的计划万无一失。但他大大低估了在热带丛林中行军的困难。9

月 8 日黄昏，川口率主力部队沿海岸进发。他们很快就遇到了似乎无法穿过的丛林。他们披荆斩棘，穿过黑暗的热带丛林，翻过悬崖峡谷，攀登崎岖不平的山脊。由于是在夜间行军，士兵们不时被树根绊倒，或掉进深坑。不知谁发现了一种荧光苔藓，于是每人都把它抹点在前边那个人的背上，这样就不会有人在黑暗中掉队，迷失方向。穿过充满腐烂植物臭气的沼泽时，有许多看不见的危险，花了几个小时才走了几百米。体力上的困难不说，还时刻害怕会遭到美军的伏击。

饮用河水使不少人患上了痢疾，半数以上的人又染上疟疾，他们只靠少量的干鱼、饼干和糖块维持生命。大米还有不少，但士兵们不敢点火做饭。

9 月 10 日，川口率部终于来到伊鲁河畔。开始用大炮轰击亨德森机场，一木支队的大部分人直奔机场，川口和主力部队则继续南进，从后面包抄机场。川口命令部队就地休整，军医忙着给患病的士兵打针服药，军官则开始检查装备，做夜晚总攻的战前准备。

川口要参谋召集各联队的大、中、小队长开会。自己则爬上小山，用望远镜观察机场。机场上悄无声息，几十架飞机整齐地排列在停机坪上，哨兵在飞机旁慢慢地巡逻。环绕机场的外围防御工事前面，有一片荒凉的草地，被尘土压倒的野草和阴云低垂的天空，形成一种抑郁的色调，而草地尽头的树林边缘，是一道蜿蜒起伏的山岭。

"好在高地上没发现美军驻守，我们将在天黑后，跨过那片草地发动进攻。"川口放下望远镜想。

"将军，大家都到齐了。"参谋长在背后轻轻提醒道。

"我们要用突然袭击的办法攻下机场。"川口说，他注视着一声不响笔挺地站着的军官们，"诸位，你们都知道，美国人的兵力物资已大大增强，也许他们比我们强。最重要的是，我们不能低估他们的空军。在抵达敌人阵地前，我军还得克服地形困难。很明显，我们已面临一场前所未有的战斗。所以，诸位，你我都不能指望在战斗结束后再见面，为天皇捐躯的时候到了！"

"哈依！"军官们异口同声高喊。

有人喊了一声："飞机！"大家立即准备疏散。接着又传来一阵"咯咯"的叫声，好像在讥讽他们似的。大家抬头一看，只见一只鹦鹉笨拙地飞开去。

川口和军官们都笑了。川口拿出一瓶威士忌酒："来，诸位，在出发之前，让我们为成功干杯好吗？"他给每个军官的水壶盖都倒了几滴酒。

"为支队武运长久干杯！"川口说。

军官们回到各自的部队去布置任务，有一个小队已开始焚烧重要文件。川口指着油印的地图上的美军阵地对一名随军记者说："不管陆军大学是怎么说的，要在夜袭中攻下敌军阵地是极其困难的。"他压低了嗓子，"在日俄战争中有过几个战例，但都是小规模战斗。如果在这里，在瓜达尔卡纳尔，我们打赢了，那将是世界军事史上的奇迹。"

机场上传来沉闷的爆炸声，一股股硝烟冲天而起。几架"野猫"式战斗机飞上天空，与前来轰炸的日机周旋在一起，云层中不断传来机关枪的枪声和炮声。

川口心里没底，一而再、再而三地为自己的部下打气，想靠"武士道"精神创造奇迹。但他还不知道，冈明大佐只有450余人，他手里有2,000人，加上炮兵和一木支队二梯队的1,100余人，总共才有3,650人左右。而美海军陆战队第一师足足1.6万人。如此悬殊的力量对比，日本人的进攻必定招致悲惨的结局。

No.2 血染沙场

在同一时间里，瓜岛美军也加强了警戒和防伪措施。范德格里夫特和参谋人员仔细研究了亨德森飞机场附近的地形，认为如对整个防线都按照要求配备兵力，兵力是不够用的。最后，范德格里夫特决定只对遭受攻击可能性最大的地区重点加强配置。在机场东翼，伊鲁河被确定为重点防御地区，范德格里夫特派陆战队1团3营到那里去加强阵地。在机场西翼，范德格里夫特部署了两个营的兵力。从隆加河到东翼的防线之间，也有一个空隙，由炮兵和工兵驻守。在飞机场南面，有一道向南延伸的山岭，从这个山岭上展开火力可以控制飞机场。山岭两侧的平地是进攻飞机场的便利通道。平地上布满丛林，部队可以在那里隐蔽。范德格里夫特派梅里特·爱迪生上校去那里占领阵地。右后方由第一营支援，左后方由第一工兵营支援。在开火后，炮兵团将用105毫米榴弹炮营和自动武器营进行直接支援。越来越多的情报显示，相当数量的日军已在机场两侧登陆，正准备发动大规模的进攻。整个防线上的海军陆战队都得到命令，要坚守阵地，加固铁丝网，并好好睡上一觉。

9月12日早晨，范德格里夫特视察了亨德森机场。他对作战参谋说："我们要尽力保卫这个机场，实在没有办法时，我们就把剩下的人带到山上去打游击。"

虽然手下有1.6万人，范德格里夫特仍然感到没有必胜的把握。日本军舰和飞机实在太猖狂了，成吨的炮弹和炸弹不分昼夜地倾泻在亨德森机场上，好像永远也用不完似的。日本陆军的兵力也可能是这样，杀退一批又涌上来另外一批，好像无穷无尽……

当日下午，观察哨向川口报告，机场南端的山岭上发现美军，他们正在抢修阵地。川口心里叫苦不迭，拂晓时他还用望远镜观察过高地，并没看到人影活动，这下可糟糕了，美国人可以从那里居高临下地开火，控制通过草地的进攻部队。

川口后悔当时没采取措施，派尖兵抢占山岭，现在只能亡羊补牢，拿下高地再夺取机场。他焦急地扯开衣领，命令通讯兵打破无线电沉默，立即向拉包尔基地发出电告，请航空部队出动战机，轰炸山岭。整整一个下午，从拉包尔起飞的日机不停地轰炸高地，亨德森机场上的美机和高射炮也奋起还击，掩护美军抢修阵地。

美机击落了4架日轰炸机，迫使日机在黄昏前退去。1艘日巡洋舰和3艘驱逐舰接踵而至，对高地进行了一阵阵更猛烈的炮击，以至范德格里夫特不得不命令炮兵掉转炮口，压制日舰的炮火，让山岭上的士兵有空吃晚饭。

入夜，川口率领部队开始向机场运动。一轮新月高悬在天边，星斗满天，没有云朵，没有风声，炮声也停歇了。士兵们默默地跟在长官身后，钻出丛林，军官身上挂着白十字布条，以便冲锋时部下能一眼看见并跟上他。队伍来到草地边，分兵两路包抄山岭。

1942年9月12日夜晚8时50分，亨德森机场东面响起"隆隆"炮声，炮兵部队首先发起佯攻。日驱逐舰也跟着恢复炮击，重磅炮弹划破夜空，炸得漫山遍野腾起火光。爱迪生上校按兵不动，他让部下钻进掩体躲避炮弹，自己趴在战壕里，用望远镜观察丛林里的动静。

9时整，日军飞机飞临高地上空，丛林里的日军也用小钢炮进行射击，炮弹射向美军阵地的铁丝网，掀起漫天烟尘。爱迪生抖掉身上的尘土，抓起电话急令炮兵团向椰树林射击，他猜测那里是日军大部队的集结地，可是已经晚了。

一颗颗挂在降落伞上的照明弹在头顶上爆炸开来，夜空中充满了焰火，晃得美军士兵眼花缭乱。1,000余名日军冲出树林，高喊着"万岁"，端着明晃晃的刺刀，跟着身上绑着白十字布条的军官，分成几路冲了上来。

日本人的吼声响彻云霄，甚至压过"隆隆"的炮声。美国人的头一排炮弹打偏了，炮弹在日军士兵的身旁爆炸，反倒像在给日本人助威。爱迪生对着话筒喊叫，要求炮兵校正目标。第二排齐射打得挺准，炮弹落在日军的冲锋队形里，人群随着爆炸的气浪四分五裂。但日军不理会身边倒下的战友，穿过被炮火炸开的铁丝网，大踏步地向山岭上冲锋。惨白的月光下，漫山遍野都是钢盔和刺刀的反光，寒光闪耀。

哈里·托格森上尉防守着机场左翼高地，在他的旁边，是贾斯廷·杜里埃上尉的连队。日军炮火切断了两个连队之间的联系，托格森急得火冒三丈。敢死队已经冲进他们之间的空当，从侧翼向他迂回攻击。黑暗中，只听得日本人有节奏的枪托碰撞声和吼叫声："美国海军陆战队，今晚送你们进坟墓！"

托格森上尉抱起一挺机枪，大骂着向日军敢死队冲去："龟孙子，你们来吧，看谁先进坟墓！"一个排长拖不住他，急忙率领部下跟着托格森冲击。他们虽然打退了日军敢死队，但正面冲锋的敌人还是涌上阵地。双方展开白刃战，殊死肉搏。

托格森未能及时回师，左翼阵地动摇了，美军士兵跳出战壕向后退却。

杜里埃上尉见日军突破左翼阵地，自己有被包抄的危险，连忙施放烟雾，且战且退。一个士兵在爆炸的火光中看到滚滚而来的烟雾，以为是日军放的毒气。"毒气，毒气！"他大喊大叫着躲避烟雾。这一喊不要紧，正在撤退的美军立即混乱起来，人们挤成一团，乱哄哄地涌向威廉·麦肯农少校防守的第二道防线。

麦肯农少校拔出手枪连连向天空开枪，强制止住惊慌失措的溃兵，大声吼道："站住，站住，谁要逃跑我就枪毙他，给我顶住！"

麦肯农的恐吓起了作用，溃兵们掉转枪口，用猛烈的火力顶住追来的日本人。麦肯农毫不迟疑地整编了队伍，指定下级军官代理战死长官的职务，进行反冲锋，美军一阵猛攻，夺回了失去的阵地。麦肯农少校马不停蹄地派出一个排，支援左翼的托格森。

在左翼阵地，托格森上尉大发雷霆，他截住溃退下来的部下，连踢带打："你们疯了，丢失阵地要掉脑袋的，都给我滚回去！"

"长官……日本人不怕死……"一个班长面如土色，惊魂未定地说。

"日本人有种，你们就没有种？"托格森一记巴掌打过去，用手枪顶住他的后背，"带上你的班，往前冲。"

连队重新集结起来，士兵们跟着愤怒的上尉，开始反冲锋。美国人不再胆怯了，他们投出一颗颗手榴弹，冒着爆炸的浓烟冲上阵地，一阵扫射赶跑了立足未稳的日本人。但是日军接着发起第二次冲锋，子弹压得托格森抬不起头来。眼见敌人又要冲上阵地，幸好麦肯农少校支援的那个排赶到了，3挺机枪吐出长长的火舌，将冲在前面的日军一排排打倒。

日本人顶不住美军交叉火力的夹击，抛下伤兵再次溃退。

左翼阵地夺回来了，右翼阵地却情况不妙。

从第五团指挥部望去，右翼阵地炮火连天，杀声震耳。照明弹一颗又一颗地挂在阵地上空，滚滚浓烟中夹杂着机枪和步枪吐出的火舌。爱迪生上校放心不下，抓起电话和右翼指挥官联系，话筒里却传来了蹩脚的英语："上校，我们守得住……请您不要管了。"耳边响起一阵爆炸声，电话沉默了。显然，这是一个日本人在通话，企图迷惑他。爱迪生明白，日军攻占了右翼阵地，他急忙派出一名下士，通知残余部队撤往主阵地，伺机反攻。

右翼的残兵退了回来，爱迪生一面命令炮兵团轰击日军占领的阵地，一面着手组织敢死队。日本人根本不给他缓冲的时间，接着向主阵地发起冲锋。爱迪生拿起话筒向炮兵喊道："打近一点，打近一点，敌人已经接近主阵地！"

爱迪生决定进一步收缩战线，他下令撤到离亨德森机场不到一公里的高地北端。这样他的防线缩短了，但受崎岖地形的限制，防线还是非常单薄和危险，与其他部队根本不能结成一体。

日军不顾伤亡，踏着自己人的尸体继续向前冲，速度虽然减慢，却没有因机枪的扫射和手榴弹、迫击炮弹的爆炸而停步不前。在高地一侧，冲在最前面的是由黑生少佐率领的一个中队的残部。他们发现了一堆美国海军陆战队丢下的军用食品，暂时停止了进攻，连忙狼吞虎咽地大吃了一顿火腿、熏肠和牛肉。黑生点起一支美国香烟，猛吸了几口，下令部下向前方的高炮阵地前进。"我不会让你们中的任何人冲在我前面的，懂吗？"他把钢盔往身后一推，举起指挥刀，喊道，"冲呀！"

冲在前面的部队受阻，被压制在一个山坳里。日军立即释放烟幕，进行掩护。他们一边射击一边用英语高喊："毒气进攻，毒气进攻！"

美军阵地摇摇欲坠。日军士兵密密麻麻地涌进战壕。双方展开肉搏，用刺刀、枪托厮杀扭打，山岭上尸横遍野。

▲ 美军 B—17 轰炸机起飞前往瓜岛执行轰炸任务。

　　黑生一路领先，抡起军刀砍开铁丝网，不管不顾地向前劈杀。军刀上鲜血淋漓，尽是豁口。几个士兵跟随他冲进了炮兵阵地，美军炮兵赶紧放下大炮，拿起步枪还击。一粒子弹划破黑生的脸颊，鲜血顺着脖子流下来，他胡乱抹了一把，整张脸变得跟血葫芦一般。

　　"冲啊，夺大炮！"黑生踉踉跄跄地冲近一门大炮，砍死了两个顽强抵抗的炮手。

　　一排子弹射来，他身边的士兵全倒了下去，黑生扔掉军刀，掉转炮口平射敌人，炮膛里却没有炮弹。他抱起一颗炮弹装进炮膛，一个炮手飞身扑过，抱住他翻滚扭打。黑生压在炮手的身上，死死地掐住了对方的脖子。美国士兵用尽最后一丝气力，拉响了一颗手榴弹，"轰隆"一声，两个人同归于尽。

　　一个日本军官带着十几个随从，高呼着"万岁"向美军指挥部冲来，爱迪生拔出手枪还击，指挥参谋人员投入战斗。在烟雾和混战中，爱迪生已无法和部下联系，他命令各个部队各自为战，固守阵地，谁要是敢后退一步，他绝不心慈手软，就地军法处置，格杀勿论。

　　美军炮手打退日军后，迅速压下炮口进行平射。炮弹遍地开花，在涌上来的日军人群里爆炸，一片鬼哭狼嚎。那些没被打倒的日军，仍旧踩着战友的尸体涌进战壕，美军一大半阵地仍旧失守了。

▲ 美军炮兵对进攻中的陆战队队员实施炮火支援。

范德格里夫特清清楚楚地看到这一切。第5团正在全线后退，一旦他们顶不住，整个防线就全完了。情况万分紧急，他命令师预备队紧急出动，进行支援。同时，命令机场上的重炮掉转炮口，不再理会日驱逐舰，集中火力支援高地。

关键时刻，美军的大炮力挽狂澜。冲在队列前面的日军为包抄高地，正在组织冲锋队形，炮火劈头盖脸倾泻下来，在密集的队伍当中开花。士兵成群成群地倒下，血流成河。

爱迪生看见形势有利，不失时机地指挥部队发起反击。

受到三面夹击的日军终于支持不住，被迫全线溃退。

14日凌晨2时，爱迪生兴奋地向师长报告："感谢炮兵的大力支援，我军已收复全部阵地，敌人休想在我们的枪口下再前进一步，请师长放心，我们守得住！"

在他的阵地面前，日军尸体横七竖八地躺着。美军也伤亡惨重，战死者达40余人。双方激烈争夺的高地上，茂密的丛林面目全非，只剩下几株光秃秃的树干，地上血流成河，到处是战死者的尸体，散发着令人作呕的臭气。从此之后，日美双方都管这道山岭叫"血岭"。

美军士兵欢呼雀跃，相互拥抱在一起，流着眼泪庆贺彼此活了下来。爱迪生知道，真正的考验还在后面，日本人怕美机轰炸，躲进丛林休整部队，黄昏后将卷土重来。他叮嘱部下抓紧时间休息，抢修沙包工事，准备新的恶仗，现在还不到高兴的时候。

在川口主力部队发起进攻的同一天晚上，冈明之助大佐率领450人，也在机场的西面发起进攻。

亨特上校率一个营守卫着西线阵地，日舰的炮火延伸射击后，他钻出掩体，趴在战壕里用望远镜观察阵地前沿。炮弹掠过头顶，在身后不停地爆炸，前沿却一点动静都没有。按理说，炮火延伸射击后，日军该上起刺刀进行敢死冲锋了，怎么连个鬼影都没有看到？亨特觉得奇怪，拿起电话要求炮兵打几发照明弹，试探一下日本人的虚实。

照明弹升上天空，晃得前沿跟白昼一般。闪光中，一个士兵惊恐地喊道："日本鬼子摸上来啦！"说完就倒在爆炸声里。

"龟孙子，真他妈的狡猾，玩邪的了！"亨特恨恨地骂道，"开火，给我狠狠地打。"

他拖开一个被炸死的机枪手，抱起机枪向日军打出长长的一梭子子弹，阵地上的轻重机枪都响了起来。美国人也针锋相对，向日本人投出手榴弹，爆炸声此起彼伏，响彻夜空。

亨特上校见面前的日军兵力单薄，并没有构成多大威胁，便命令炮兵射击日军的后续部队，切断敌人的退路，自己率预备队加入战斗。冲进战壕的日军寡不敌众，迅速被占有优势的美军消灭干净了。而冈明的后续部队则被美炮火压在阵地前沿，死伤惨重。冈明大佐明知大势已去，仍坚持不退。亨特上校毫不犹豫地发起反冲锋，两个连的士兵气贯长虹，杀得日军东倒西歪，抱头鼠窜。冈明还要死战，以身殉职，几个部下硬把他拖了下去。

拂晓，日本人丢下200多具尸体，向丛林深处逃去。

炮兵和一木支队二梯队的任务，是牵制美军的机动预备队，使其不能增援南线。日指挥官看错了时间，一直在用大炮轰击美军阵地，并没有按时发起冲锋。

防守东线阵地的美第5团3营，因为摸不清敌人的虚实，也同样按兵不动。

将近拂晓，日军指挥官才醒悟自己已经贻误了战机，懊悔不及，他决心以死谢罪，竟然上起刺刀，发动敢死冲锋。美军官兵大惑不解，日本人怎么一反常态，大白天送死呢？

一木二梯队的士兵们，悲壮地进行"人海战术"，大踏步地冲进阵地前沿的开阔地。

他们正好成了美军飞机的活靶子，十几架"无畏"式俯冲轰炸机立即进行大肆轰炸。美飞行员从空中望下去，日本人像在操场上操练似的，排着整齐的队形呐喊着冲锋，对身边落下的炸弹视而不见，充耳不闻。他们穿过硝烟和尘土，越过累累的弹坑，视死如归，漫山遍野尽是闪闪发亮的钢盔和刺刀。前边的军官和旗手倒下去了，后面的士兵接过旗帜依然前进，以自己的血肉之躯抵抗炽热的弹片，没有一个人临阵退却。

严阵以待的美军官兵无不目瞪口呆，这哪是一场现代战争，简直像重新回到了古战场，日军指挥官也太没有人性了，怎么能看着他的部下走进现代的"屠宰场"！

阵地上炮火连天，成吨的炸弹和炮弹倾泻到进攻的队列里，抹掉一片又一片日军士兵。

▼ "血岭"下到处都是日军士兵的尸体。

以至美军士兵不敢再看下去，抱着脑袋呻吟道："上帝呀，太残酷啦！太残酷啦！"

一木支队二梯队的近千人，都是有来无回，惨死沙场，直至最后一名士兵倒下，手里还举着被炮火撕成破布条的太阳旗……

战斗结束后，美军下来打扫战场时，眼前的景象使他们都惊呆了。一些日军小队战死时还保持着整齐的队形，军官拄着指挥刀跪在前面，士兵们举着刺刀紧随其后，人人都死不瞑目，大张着嘴巴，仿佛是一群大喊着冲锋的塑像。侥幸受伤未死的日军士兵不愿当俘虏，一个个拉响身上的手榴弹自杀，那些不能动弹的伤员则请求美军士兵给他们补上一刀。

"这他娘的不是人，是炮灰！"一个打扫战场的美军士兵恶心地骂道，他蹲下身子呕吐起来，几乎把五脏六腑都吐了出来。

9月13日下午，川口得知其他两路进攻失败的消息，良久不语。川口明白，拿下高地比登天还难。尽管败局已定，川口感到自己不能就这样撤退，他决心再次发起进攻。与其让美国人察觉日军兵力不足，派出部队包抄合围，杀个片甲不留，不如自己主动出击，以死相拼。川口孤注一掷，将支队指挥部人员全部投入进攻。

黄昏时分，日巡洋舰和驱逐舰再次炮击美军阵地，滚滚烟雾吞没了血红的夕阳，天昏地暗。美军士兵躲在掩体里，大嚼军用饼干和牛肉干，吃饱喝足以养精蓄锐，大家心里都清楚，猛烈的炮击之后，又将是一场死去活来的恶战。

爱迪生一直观察着丛林，至此感觉胜券在握，他立即请求师长派出一支突击部队，从侧翼包抄进攻失利的敌人，自己再从高地发起反冲锋，日本人必定插翅难逃。师部回答他说，如果高地上的伤亡不大，明天拂晓部队将全线出击。

落日西沉，夜幕低垂，山峦变得朦胧模糊起来，川口将军率领重新纠集的800余名官兵钻出丛林，暗暗向高地迂回接近。队伍走过草地，前面传来命令："准备冲锋。"

美国人的炮火异常凶猛，炮弹连珠般飞过来，密不透风。匍匐前进的日军士兵，这一次学乖了，他们不再上起刺刀做无谓的冲锋，而是乘炮火的间隙打冷枪，以引诱美军暴露机枪火力点，然后扔出手榴弹，借着爆炸腾起的烟尘冲进战壕。短兵相接，美国人的大炮不敢轻易开火，因此难以发挥应有的威力。这一仗比头一天晚上的更加惨烈，小股日军不断从局部突破阵地，摸到后方迂回攻击。

爱迪生上校命令托格森上尉主动撤回第二道防线，让机场上的重炮猛轰他让出的阵地。高地上炮火连天，浓烟滚滚，光秃秃的树木被弹火点燃，燃起一片火海，照亮了黑暗的山野。日军不顾死活，继续进攻第二道防线。川口的警备中队已经迫近美迫击炮阵地前，美炮手压低自己的炮口，犹如刺刀见红，面对面地射击敌人，迫使日军成堆地滚下山岭。

激战到拂晓，托格森的连队仅剩 60 余人，其他连队均伤亡过半，第二道防线一触即溃。爱迪生上校一度想动用预备队，但理智告诉他，最后的胜利取决于再坚持一下的努力之中。果不其然，他顶住最后一次敢死冲锋后，日本人也同样吃不住劲儿了，无力组织起强有力的进攻，只是架起机枪断断续续地扫射，虚张声势。"仙人掌航空队"赶来参战，轻而易举地消灭了残存日军的火力点。

爱迪生见时机已到，果断地命令预备队发起反冲锋。

筋疲力尽的日军残余部队，哪里顶得住有生力量的反击，他们丢弃了攻占的阵地，连滚带爬地溃退下去。范德格里夫特乘胜动用预备队，从侧翼进击，包抄日军。川口四面受敌，尽管他吼叫着不许撤退，还是身不由己地被溃兵卷走了……

日军全线土崩瓦解，狼狈不堪地躲进丛林。

日军原定在这一天欢庆他们在瓜岛的胜利，结果却恰恰相反，被打得狼狈不堪，处于崩溃的边缘。再打下去，无异于飞蛾投火。川口只好收拾残余人马，被迫后撤。在"血岭"的山坡上，军装褴褛的川口，面对死伤无数的战场欲哭无泪。残余的部下肃立成一排，脸颊被硝烟熏染得如抹了锅底灰一般，汗水流下额头，人人都变成了"花脸"，显得滑稽可笑。川口含着眼泪说：

"作为一名败军之将，有何颜面再见家乡父老，本该向天皇陛下剖腹自杀谢罪。但我有责任把你们带回去，向百武将军汇报战况……让我们为阵亡的官兵祈祷吧！"

残存的日军低头合掌，面对鲜血染红的高地默默祈祷。几天后，残存的日军终于撤退到海边的塔辛姆波科村。很多士兵刚刚坐下来，便一头栽倒在地不省人事了。川口也发起高烧，一连几天卧床不起。他强撑着身体，电告第 17 军司令部：

守卫机场的美海军陆战队兵力比我部强大，第二次进攻失败，估计敌军至少有一万人，请求速派大部队增援，再行决战。得知日军进攻再次被挫败后，美军太平洋舰队司令尼米兹喜不自胜，当即给范德格里夫特发来嘉奖电：

收到你们在岛上的战斗捷报，使我们大家感到欢欣鼓舞，谨向前线的陆战队员及陆军部队表示衷心感谢。

No.3 美军痛失两艘航母

美国人在岛上连战连胜，在海上却屡遭败绩，连接损失了两艘航空母舰。东所罗门群岛海战后，"萨拉托加"号撤至澳大利亚一带进行防御性巡逻。为保证有限的航空母舰不再遭受攻击，南太平洋舰队司令戈姆利中将专门发出指示，要求所有航母除万不得已的情况，一律不得越过南纬 10 度。

8 月 31 日深夜，"萨拉托加"号和战列舰"北加罗林纳"号正在既定的海区进行巡逻，突然雷达发现水面目标。美军急忙派担任警戒的驱逐舰前往查看，结果一无所获，没有发现任何目标。舰队继续进行巡逻。

6 时 50 分，"萨拉托加"号结束了黎明时的战斗部署，正准备吃饭。此时，灾难降临了，已经尾随"萨拉托加"多日的日本潜艇伊－26 号悄悄地驶近了，很快就到达这艘巨大的航空母舰的前方。日本潜艇随即上浮，一口气发射了 6 颗鱼雷。

美军一艘警戒驱逐舰的声呐听到前方很近处发出响声，接着在前方发现潜望镜。它挂起发现潜艇的警报旗，并在匆忙之中投了两颗深水炸弹。

但一切都晚了。"萨拉托加"号看见警报旗后，高速满舵右转，恰好碰到鱼雷，爆炸引起冲天大火，锅炉舱进水，发电机失灵，速度很快就降下来。在其他驱逐舰的掩护下，"萨拉托加"拖着受伤的躯体，缓慢地驶离。直到几个月后，才重新投入战斗。

这样，南太平洋舰队的美军，只剩下"黄蜂"号和"大黄蜂"号两艘航空母舰了。

9 月 4 日，美军听到日军已经攻占萨沃岛的传说，未经证实，就派驱逐舰"利特"号和"格雷戈里"号由图拉吉运送一个突击营反攻。美军在萨沃岛登陆后，没有发现日军，又乘这艘驱逐舰到瓜达尔卡纳尔岛，他们上岸时天已经黑了。按照常规，这两艘驱逐舰在卸载后应返回图拉吉港，但因为那天夜色特别黑，看不见航标。两艘驱逐舰只好采取与海岸平行的航向，往返巡逻，准备天亮后再撤离这个地区。

不巧的是，日军在那天夜里也运送一支小分队在瓜达尔卡纳尔登陆，除运输船外，还有 3 艘驱逐舰，它们的任务是对海岸进行牵制性炮击。一开始，日军驱逐舰由美军驱逐舰的外侧驶过，因距离较远，双方都没有发现。

凌晨 1 点，当"利特"号转向时，突然发现东方有炮弹的闪光。开始舰上的人以为是日军潜艇进行骚扰性炮击，但雷达的荧光屏上却显示出四个水面目标，距离仅二海里。美军的一架侦查飞机恰好在此时飞临上空，看到闪光，也以为是日军的潜艇在射击。为迫使日军潜艇暴露出来，侦查飞机一连投了 5 颗照明弹。

借着照明弹的亮光，日本舰艇很快就发现了不远处的美军驱逐舰，他们大吃一惊。随即，日舰紧急打开探照灯，向"利特"号射击。正在黑暗中安详游动的"利特"号驱逐舰猝不及防，连中数弹，舰后的四英寸炮被完全击毁，根本不能还击。

与此同时，美军"格雷戈里"号被另外一艘日军驱逐舰的探照灯照住。日舰 120 毫米

▲ 1942年9月15日，日本核潜艇击沉了美国"黄蜂"号航空母舰。

炮猛烈开炮射击。

　　不久，两艘驱逐舰都燃起熊熊大火，随后开始下沉。

　　仅仅10天后，美军在海上又遭受了另外一次更大的损失。9月14日，应范德格里夫特一再请求，美军南太平洋舰队最终决定组成战斗编队，护送3艘运输舰，向瓜岛运送兵力和物资。

　　为保证这次运输的安全，美军作了精心的计划和安排。舰队司令部特意挑选了一条避开日军舰队的航线。同时，对兵力进行精心编组，将负责护航的航空母舰"黄蜂"号和"大黄蜂"号分成两股：一是由航空母舰"黄蜂"号和4艘巡洋舰、6艘驱逐舰组成一支特混舰队；二是由航空母舰"大黄蜂"号、战列舰"北卡罗林纳"号和3艘巡洋舰、7艘驱逐舰组成的另一支特混舰队。两支特混舰队在运输舰队100海里处航进，不断派出侦察机进行空中战斗巡逻。

　　得知美军准备增援瓜岛的消息后，山本五十六立即命令南云机动舰队和潜艇舰队封锁美海上运输线，准备对美军舰队实施打击。

　　9月14日下午，美军舰队出发不久，两架侦察机就发现了南云机动舰队。航空母舰编队指挥官诺伊斯将军闻讯，迅速派出大批轰炸机前往指定海域。但狡猾的南云早已撤到美机的战斗活动半径之外。15日上午，1架日侦察机发现美运输舰队，久久地盘旋在上空不走。日潜艇伊－15号和伊－19号，接到侦察机通报，火速驶往指定海域，准备截击美运输舰队，无意中碰上了美航空母舰编队。当伊－19号潜艇望哨向艇长报告说，发现大型航空母舰2艘、战列舰1艘、巡洋舰和驱逐舰数艘时，全艇上下一片欢呼声。伊－19号通知伊－15号："我们撞到大运啦！"

两艘潜艇迅速下潜，驶向缓缓游弋的航空母舰。下午2时20分，海面刮着时速20海里的大风。烈日当空，空气火一样炽热。"黄蜂"号甲板上的水兵大汗淋漓，忙着接收巡逻归来的战斗机。悄悄摸近的日潜艇兵分两路，伊－19号盯住"黄蜂"号，伊－15号直奔5海里之外的"大黄蜂"号。伊－19号进入发射鱼雷的位置，升起潜望镜，鱼雷手请求发射鱼雷，艇长说再靠近一点，等伊－15号接近"大黄蜂"号时，一同发起攻击。

2时30分，美航空母舰"黄蜂"号接收完飞机，向右转向回到主航道，减低航速，以便让其他战斗机起飞。此时，伊－19号已经摸到跟前，双方相距1,200米时，鱼雷官全神贯注地瞄准目标。此时，"黄蜂"号全然不知危险正在来临，整个右舷暴露无遗。

这么大的目标怎么会击不中呢？4枚鱼雷以每8秒1枚的间隔，准确、笔直地射向"黄蜂"号。舰上的瞭望哨首先发现情况，他们看见了蹿出水面的鱼雷，慌忙拉响反潜警报，舰长福雷斯特·薛尔曼上校即令向右转舵。但为时已晚，刚刚来得及躲过1枚鱼雷，整个舰身一震，其他3枚鱼雷同时击中舰的右舷！

随即，舰上响起一阵惊天动地的爆炸声，海水翻着波浪涌入舱内，舰身很快大幅度倾斜。消防队员还没有来得及扑灭舰面上的大火，停泊在甲板上的轰炸机翅膀下的重磅炸弹就被引爆了。一连串的爆炸又引爆了弹药舱，"黄蜂"号上的飞机和设备飞上了半空，变成碎块，重重落在水里，击起一片白花花的水浪。

9月15日下午3时20分，薛尔曼无力自救，只得降下国旗弃舰，水兵们翻过舰舷栏杆跳向大海，驱逐舰靠拢过来实施救援，打捞落水人员。

"黄蜂"号在美军官兵们无比痛心的眼神里，燃烧成一座活火山，没多长时间就葬身海底了。在伊－19号发射鱼雷的时候，伊－15号潜艇钻进"大黄蜂"号的护航舰群之中。万幸的是，正当这艘日军潜艇准备发射鱼雷时，美军1艘驱逐舰的声呐捕捉到了它，随即拉响防潜警报。驱逐舰"奥布赖恩"号全速冲来，迅速投出深水炸弹。伊－15号在慌忙中打出全部鱼雷。

"大黄蜂"号死里逃生。但英勇截击潜艇的"奥布赖恩"号却吃了一枚鱼雷，这艘飞身堵枪眼的驱逐舰，在一阵爆炸声中很快肢解了。

战列舰"北卡罗林纳"号也不走运，舰长听到防潜警报跑上舰桥，命令战舰作"之"字形运动，躲避可能袭来的鱼雷。孰料1枚越过航空母舰的鱼雷，正好碰到战列舰的船舷，在吃水线下炸开一个大窟窿。大量海水涌进舱内，"北卡罗林纳"号舰身顿时倾斜，航速明显减慢，水兵们奋力排水和堵塞漏洞，战舰才逐渐恢复平衡。

至此，南太平洋舰队只剩下"大黄蜂"号一艘航空母舰了。同时，航空母舰受损，给美军向瓜岛增兵带来严重困难。好在以后两天天公作美，海面乌云翻滚，大雨如注，日美双方的飞机都不能起飞，美运输舰队才安然驶抵瓜岛，给驻岛的美军送来4,000名海军陆战队及部分武器装备、给养和燃料。

航空母舰一而再、再而三地受挫，太平洋舰队司令尼米兹上将坐不住了，他要戈姆利作出解释。戈姆利对这种状况也感到痛心疾首，充满怨气。他认为在几天内损失两艘航空母舰是不应该的，完全是编队司令诺伊斯的责任。几天后，戈姆利给尼米兹送去一份战斗报告：

"黄蜂"号从9月12日5时至15日14时，一直逗留在南北向140海里，东西向170海里的区域内，横过先前的航线12次，因此在较小的海区逗留3天以上，使敌潜艇能够占领有利的阵位攻击。显然，航空母舰不应该在日潜艇活动的海区逗留，除非执行任务必须冒风险。

显然，他把责任推给了编队司令诺伊斯。诺伊斯得知情况后，大为不满，立即给尼米兹写报告进行申辩：从航线图上可以看出，该海区东西向延伸300海里，而不是170海里，且遭受攻击的地点距最近的横过旧航线的地点在150海里以上。以前从未进入或者接近遭受攻击的地点。太平洋舰队司令尼米兹上将对两人互相推诿非常生气，派专人进行调查。但大敌当前，不是追究责任是非的时候，为了鼓舞士气，尼米兹最终决定不追究任何个人的责任。

事情就这样不了了之。

第五章

陷入僵局

　　当着尼米兹的面，范德格里夫特说："我一忍再忍，也不能宽恕南太平洋部队和地区司令部的悲观态度。第1师深陷重围，孤军奋战，且取得了一次又一次的胜利，海军为什么总是怕字当头，缩手缩脚？"……日军大本营急于拿下瓜岛，然而却一直打不开僵局。第17军团司令百武对此恼怒不已。大日本帝国皇军在各个战场上都所向披靡，却在瓜岛一败再败。百武决定亲自出马，坐镇瓜岛，指挥第三次进攻行动。

No.1 尼米兹瓜岛历险

围绕瓜岛的战斗全面展开了。美军究竟能否守得住，还是个疑问。9月20日，美空军总司令哈普·阿诺德空军上将，代表参谋长联席会议飞抵太平洋舰队进行实地调查。

前线的指挥官对战场形势的认识也分为两派。麦克阿瑟和戈姆利对南太平洋战场现状并不乐观，认为仅凭海军陆战队一个师，守住亨德森机场并非易事。他们对阿诺德说：尽管范德格里夫特打退日军的第二次进攻，但都是规模不大的局部战斗，倘若日军大本营清醒过来，派出驻拉包尔的第17军，瓜达尔卡纳尔岛就岌岌可危了。

但尼米兹不同意这种看法。他认为，日军进攻瓜达尔卡纳尔已经集结了它可能集结的力量，而且他的人员、舰艇、特别是飞机的损失远比补充的速度快。盟军的实力雄厚，正开始调到这个方向来。假如海军陆战队第1师能再坚守得长久一些，形势肯定要发生变化。

阿诺德听取了两方面的汇报，更加忧心忡忡。他告诉尼米兹，欧洲战场连连告急，英国人精疲力竭，英国首相丘吉尔多次给参谋长联席会议施加压力，不同意美国人抽出兵力争夺这个微不足道的小岛。罗斯福总统正处于左右为难的境地。因此现在是关键时刻，他回去后尽量说服参谋长联席会议支援瓜岛，但前提是第1师必须守住瓜岛，否则一切都无从谈起。

尼米兹请阿诺德放心，他将亲自去一趟瓜岛，了解情况，鼓舞士气，第一师决不会辜负参谋长联席会议的期望。

3天后，尼米兹亲临瓜岛视察。由于那里没有安全的水上着陆点，当尼米兹从珍珠港到努美阿港准备换乘水上飞机时，空军基地司令英里布·菲奇空军少将给他们提供了一架B－17"空中堡垒"式轰炸机。

驾驶飞机的是一位年轻的上尉，他没有带所罗门群岛地图。他对负责尼米兹安全的军官拉马尔上尉说："别担心，这条航线我飞过不知多少次了，闭着眼睛都能摸到目的地。"

但飞临瓜达尔卡纳尔岛时，偏偏出了岔子，亨德森机场上空乌云密布，雷雨大作，茫茫云海遮住飞行员的视线，飞机无法着陆，只能在云层上面兜圈子。拉马尔焦躁不已，他埋怨驾驶员粗心大意，为什么不带地图？

尼米兹制止住拉马尔，安慰飞行员说："别着急，想想办法看。"

忽然有人想起，随行的其他人员可能带有《国家地理》杂志，那上面可能会有南太平洋岛屿的插图。大家马上分头去找，终于找到一张插图。就这样，飞机冒着倾盆大雨找到了机场，几经波折，有惊无险地安然降落了。

同行的参谋人员无不捏了一把汗，尼米兹上将从容地披上雨衣，精神抖擞地走下飞机

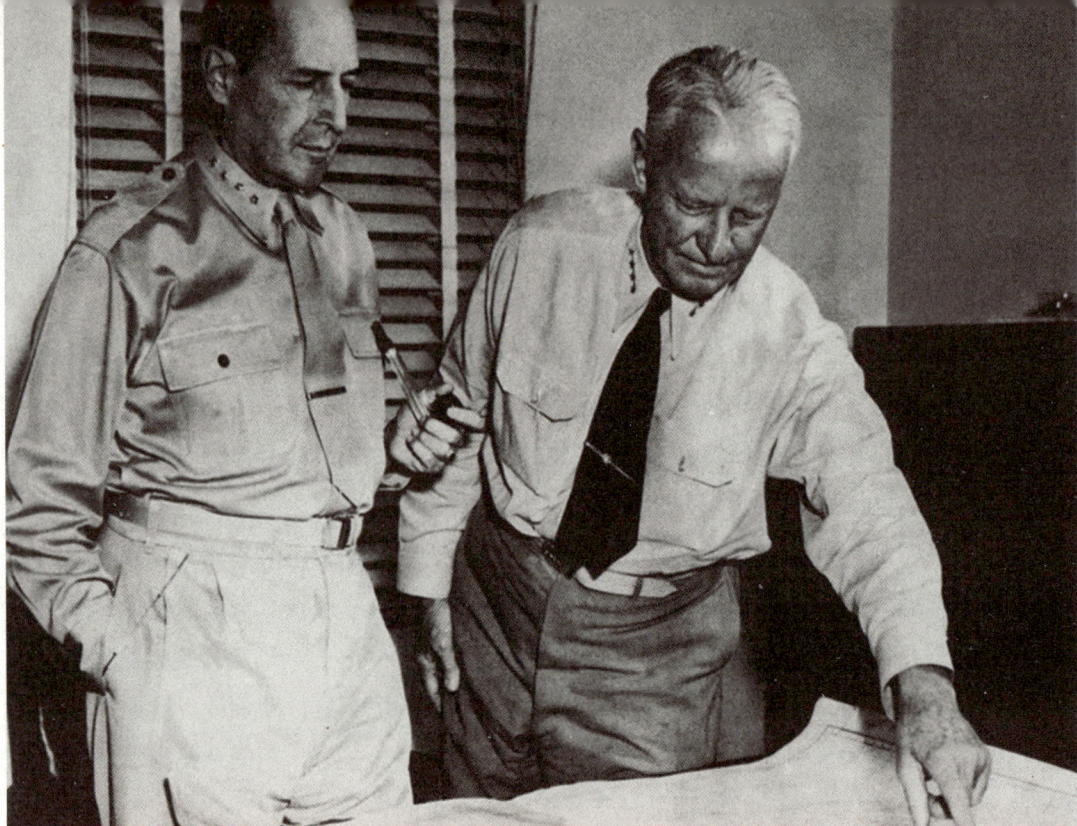
▲尼米兹海军上将（右）和麦克阿瑟将军正在筹划未来军事行动。

舷梯。范德格里夫特早已站在雨中迎接他。尼米兹与他相互敬礼，热情地握手：

"你好，范德格里夫特。"

"您好，将军，刚刚我还为您担心！"范德格里夫特心有余悸地说。

"大雨中起降飞机的情况不多吧？"

"不过也不少。"

"多亏了大雨，日本人的飞机才没有光顾。"

"我们的老对手山本可没想到您有这个胆量。"

两位将军幽默风趣地交谈着上了吉普车。吃过午饭，尼米兹要求视察飞行指挥部和前沿阵地。范德格里夫特请他雨停了再去不迟，尼米兹当即说他不是来旅游的，不能耽误宝贵的时间，他还要赶往圣埃斯皮里图岛视察。

范德格里夫特赶紧让副官找来雨伞，为尼米兹及其他参谋人员遮挡雨水。于是，踞守"血岭"的美军士兵们，看到一群打着雨伞的军官，簇拥着两位将军趟着泥水走来。一个哨兵不敢相信自己的眼睛，和他打招呼的是太平洋舰队总司令尼米兹海军上将，呆若木鸡地站在掩体里，竟然忘了举手还礼。

尼米兹将军一行人接着视察了第一师野战医院。医院里的伤兵听说太平洋舰队总司令视察来了，凡能走动的人都聚拢过来，好奇地打量着谈笑风生的四星上将。尼米兹备受感动，发表了简短的讲话：

"诸位，我代表太平洋舰队慰问你们，感谢你们的英勇，用自己的行动打破了日本陆军不可战胜的神话，祖国也因为有你们这样的海军陆战队员而感到骄傲。"

士兵们热烈地鼓起掌来。

"不可否认，我们面临许多困难，环境艰苦，物资缺乏，疾病猖獗，敌机的轰炸……但我相信，海军陆战队有着光荣的传统，是一个打不垮、拖不烂的战斗堡垒，每一个士兵都会再接再厉，击溃敌人更疯狂的进攻。太平洋舰队将想尽一切办法，粉碎敌人的封锁，全力以赴增援第一师。用不了多久，我就会派驱逐舰来，把大家送到舰队基地医院养伤，请大家回病房休息吧。"

伤兵们欢呼起来，谁也不肯离去，争先恐后地挤过来和将军握手。

傍晚，大暴雨下个不停，范德格里夫特举办了一个简单的酒会，欢迎太平洋舰队司令部的客人们，为大家接风洗尘。随后，两位将军避开参谋躲在一边饮酒。

"范德格里夫特，我这一趟不枉此行。"尼米兹说，"非常高兴，看到第一师扼守机场的信心。"

"说实话，守住机场没问题。"范德格里夫特为尼米兹斟满酒杯，"参谋们认为应该扫荡敌人的基地，但我没有海军舰炮……"

"你在和我兜圈子吧？"尼米兹喝了一口酒，微笑着说。

"所以，将军，第一师得不到舰炮火力支援，目前只能固守机场，被动挨打。"

"海军也有他们的难处……"

"恕我冒昧，有些情况您比我清楚，在努美阿，不愿拿自己船只冒险的指挥官太多了，而日本人的'东京快车'却比我们勇敢得多！"

尼米兹玩弄着酒杯，陷入沉思。

范德格里夫特点起一支雪茄，猛吸了一口，接着说："我一忍再忍，也不能宽恕南太平洋部队和地区司令部的悲观态度。第一师身陷重围，孤军奋战，且取得了一次又一次的胜利，海军为什么总是怕字当头，缩手缩脚？"

尼米兹无言以对，只好最后表态说，他将督促戈姆利尽快派出舰队，支援瓜岛的陆军。

第二天早晨，尼米兹冒着蒙蒙细雨，为第一师有功的官兵授奖。授奖仪式结束后，按照预定计划，尼米兹就要离开瓜岛。两辆军用吉普车送尼米兹一行人赶往机场，谢天谢地，日机没有来轰炸机场。但下了两天雨后，没有铺盖金属板的跑道大都变成了烂泥潭。飞行员和乘客看到这样泥泞的机场，几乎没有一个不感到发愁的。为了保证起飞安全，范德格里夫特要求尼米兹及随行人员分乘两架"空中堡垒"式轰炸机，这样可以减轻飞机起飞时的负荷，安全系数大一些。

尼米兹上将神情坦然地爬进飞机，坐在视野良好的飞机头部。拉马尔赶紧跟着爬了上去，请求将军坐在后机舱，尼米兹没有理睬自己的副官，他想看看一路上的岛屿和地形。

飞机很快发动引擎，加大油门向前滑行。跑道尽头是马塔尼考河支流陡峭的悬崖，如果不能顺利起飞，势必一头栽进湍急的河水里，机毁人亡。飞机轮子溅起一路泥浆，驾驶员见快滑翔到尽头还没有腾空，立刻关闭引擎紧急刹车。机上的人吓得闭上了眼睛，手心冰凉，刹车后的机身仍然沿着潮湿的跑道缓缓滑动。驾驶员满头大汗地操纵着不听话的飞机，终于横在陡峭的悬崖边上不动了，好险！

◀ 身着海军大将正装的山本五十六。

范德格里夫特瞠目结舌，心几乎跳出嗓子眼，老半天才醒悟过来，急忙派一辆卡车赶过去，把飞机小心翼翼地拖回跑道。尼米兹将军镇定地爬出飞机，说："看样子是上帝留我们吃午饭，那就不客气了，吃了饭再走。"

牛毛细雨不再下了，太阳钻出云层，地面变得干燥起来。驾驶员催促大家抓紧时间登机，太平洋舰队司令部人员匆匆登上飞机。机场上刮起热烘烘的大风，飞机迎风发动引擎，这次十分顺利地飞离了跑道。

10分钟后，第二架载着参谋人员的飞机也腾空而起，消失在云端。

No.2 小人物起了大作用

两次陆上进攻，又有海空军全面支援，依然没有拿下瓜岛，这是日军大本营没有料到的。为了迅速结束瓜岛作战，9月17日，大本营下令从关东军、南方军和日本国内抽调兵力加强第17军团。9月18日，日本大本营停止新几内亚方向的作战行动，将作战重点转至瓜岛方向，同时决定：向瓜岛增援陆军兵力，发挥陆海军的综合力量，一举夺回瓜岛机场。

瓜岛作战连遭失败，前线的第17军团司令百武恼怒不已。他认为前两次没能夺回瓜岛，不是美海军陆战队有多大实力，而是自己的部下指挥不力。

百武决定亲自出马，坐镇瓜达尔卡纳尔岛，指挥第三次战役。同时决定调驻婆罗洲的第2师团，再加上一木、川口余部，总共2万人左右，发起第三次攻击，欲一举拿下瓜岛。

百武立即给联合舰队运输群海军第8联队运输舰队田中打电话，把自己的想法告诉了

◀ 日军田中赖三海军少将。

他，并希望他派出运输舰队迅速将第2师团运送到瓜岛。

美国控制着瓜岛地区的制空权，海军也昼夜巡逻。田中深知其中的危险，死活不肯答应。

海军的做法激怒了百武。陆军凭什么要随海军的指挥棒转，再说驱逐舰也运载不了重炮，势必影响他们的攻势。百武拿起电话对田中说："第17军团无论如何要乘运输舰去，如果海军不能提供帮助，陆军也不需要什么护航舰队，就这样去瓜达尔卡纳尔岛。"

这显然是威胁。田中刚要说话，百武说："你们看着办吧。"接着，一下子扣死了话筒。

海军和陆军在运送增援部队的问题上意见不一，闹起矛盾，事情最终捅到了大本营。为了协调这次战役，海陆两军召开了一连串联席会议。大本营为此派出素有"作战之神"之称的辻政信中佐以观察员身份参加会议。辻政信素以狠毒著称，他曾在新加坡和菲律宾杀害了大批华人。当辻政信得知海军不愿出动护航舰队，百武决定铤而走险时，他愤愤不

平地说："海军如此不负责任，假使运输舰队贸然出航，一旦遭遇美军舰队，毫无疑问会全军覆灭。"

会后，让政信会见百武，要求立即给他一架飞机，他将直接去联合舰队司令部，面见山本五十六，劝说他派出舰队为陆军护航。

百武顾虑重重，他怀疑让政信言过其实。一个小小的下级军官，怎么能轻而易举说服联合舰队司令长官呢？他对此不抱希望。但在让政信的一再要求下，百武还是派出一架飞机，送这个天不怕地不怕的中佐去特鲁克岛港。

让政信的运气不错，他一下飞机就找到了山本的首席参谋黑岛，以陆军参谋本部前线特派观察员的身份，要求晋见联合舰队司令山本五十六。

黑岛被让政信的狂妄镇住了，他没敢耽误，请示过参谋长宇垣缠，直接把他带往司令舱。让政信没有丝毫怯意，雄赳赳气昂昂地走上"大和"号的舷梯。山本本以为是前线人员来向他汇报情况。不料，让政信一见到他，就毫不客气地指责说："陆军参谋本部对瓜岛的战斗很不满意，两次进攻都失败了，这其中也有海军配合不利的因素。第8舰队没有足够的战舰为运输舰队护航，陆军的补给运不上去，岛上的官兵弹尽粮绝，经常靠椰子、草根、野菜和浆果维持生命。即使没在战斗中牺牲的人，也都快饿死了……"

说到这里，让政信激昂慷慨，流出了眼泪。他恳请山本出面协调，鼎力相助陆军夺取机场。山本目不转睛地望着对方，默默地听着。

"我冒昧地赶来求见，"让政信继续说道，"转达百武将军的话，第17军应该完整地登上该岛，不能再重蹈覆辙，用驱逐舰零零星星运过去，被兵力优势的敌人各个击破。海军不能一味考虑自己的困难。如果你们仍然拒绝派出护航船队，那么，我们的重炮和补给物资就不能随队同行，从而大大削弱战斗力。百武将军的决心已下，如果海军不派护航舰队，他仍率领部下前往瓜达尔卡纳尔岛，即使途中牺牲也在所不惜！"

"怎么能这样，岂有此理！"山本拍案而起，转过身去。

让政信以为自己冒犯了司令长官，闭口缄默不语。

"与陆军精诚合作夺回机场，是海军义不容辞的责任。"山本缓缓地转过脸来。不知是被让政信的话感动的，还是对瓜岛的战事充满忧虑，此时，山本的脸上挂满泪水，"如果第8舰队有意保存实力，不派战舰为运输舰队护航，造成进攻部队补给供应不上，导致失败，我这个当司令长官的首先感到痛心和惭愧！"

让政信激动地从桌边站起，欲说什么，山本用手势制止住他，

"请你回去转告百武将军，联合舰队将全力以赴，派出强大的护航舰队，保证满足第

17 军的要求。必要时，我可以派出我的旗舰去参加战斗，陆军不必为此牵扯精力，海军随时配合陆军行动。"

让政信被山本的举动惊呆了，他没有想到事情会如此简单。让政信慌忙举手敬礼："将军，我不知道怎么为陆军感谢您……"

"这都是我应该做的。只是，有一点请你做做工作，劝百武将军给我点面子，最好乘驱逐舰去瓜达尔卡纳尔岛，以保证他的安全。第 17 军需要他指挥全局，千万不要拿自己的生命冒险！"

山本之所以这样痛快地答应把第 2 师团护送到瓜岛，其实也有自己的小算盘。自太平洋战争爆发以来，他朝思暮想，希望早一点与美国太平洋舰队决战，消灭这个危险的对手。如今，他把瓜达尔卡纳尔看作是打一场决战的又一次机会。一旦百武率领陆军向瓜岛发动总攻，盟军绝对不会置之不理，那样，联合舰队就有机会同美国海军大干一场。山本自信地认为，如果顺利，这一仗将结束美国海军在所罗门群岛的力量，也是美国在太平洋的末日的开始。

让政信回到拉包尔后，立即将消息告诉了百武。百武大喜过望。运输兵员的问题总算解决了。随后，百武与参谋人员一起详细地拟定了进攻亨德森机场的最后方案。

日本人对瓜岛志在必得。当时一份日军作战文件这样写道：

重新占领瓜达尔卡纳尔的成败……是敌胜或我胜道路上的转折点。

No.3 伏击"夜行者"

根据新的作战计划，百武将丸山政男中将的第 2 师团调往肖特兰岛集结，该师团是日军的精锐部队，因在仙台地区组建而有"仙台"师团之称。然后于 10 月 14 日左右一次性将第 2 师团和配属的重炮运上瓜岛。稍作准备，一周后发起进攻。

9 月 22 日，丸山政男接到命令率部从婆罗洲启程，乘运输舰"太和"号驶向肖特兰，与住吉炮兵支队会师，就任此次战役的前线指挥官。临行前，他对部下做战斗动员时说：

"先前开往瓜达尔卡纳尔岛的部队屡次受挫，可见美海军陆战队实力之强，以往的失败都在于轻敌。我们且不可盲目乐观。这次战役很可能是日美两军陆地上的决战，我们不能将美国人赶下大海，美国人就会让我们死无葬身之地。诸位务必抱着必死的决心，夺取岛上的飞机场，战而胜之。否则我们谁也别想活着回来。"

10 月 7 日，第 2 师团抵达肖特兰岛。8 日凌晨，三川亲自坐镇重巡洋舰"鸟海"号，护送百武和他的第 17 军奔赴瓜岛战场。

这列庞大的"东京快车"包括：第 2 师团 1,000 多名官兵乘坐的 6 艘驱逐舰；该师另一个大队的 728 人乘坐的水上飞机母舰"日清"号、"千岁"号。这些舰艇还载运百武晴吉手下的大部分炮兵、16 辆坦克、充足的弹药和医疗物资。这列"东京快车"将穿过"狭口"海峡，在塔萨法朗加角登陆，"列车长"是第 11 航空母舰支队司令海军少将定岛。掩护定岛少将的是后藤少将指挥的以重巡洋舰"青叶"号、"衣笠"号、"古鹰"号和 2 艘驱逐舰合编而成的第 6 巡洋舰支队。这支火力支援群除负责掩护定岛之外，还受命于 10 月 11 日以毁灭性的炮火从海上摧毁"亨德森"机场。

10 月 9 日，日军舰队兵分两路，安然通过雾气弥漫的海峡，向瓜岛驶来。

潜伏在拉包尔和肖特兰的盟军监视者，不断发出秘密电波，报告日军的情况。

日军第 17 军团倾巢出动，瓜达尔卡纳尔岛争夺战已进入决定性阶段。大战来临的阴影，再次笼罩了太平洋舰队司令部。当时的太平洋舰队的指挥纪要这样记载：

现在看来，我们无法控制瓜达尔卡纳尔岛海域，因此，运输舰队必须付出巨大的代价，才能保证亨德森机场防守部队的补给。局势确实严峻，但并非没有希望。

范德格里夫特必须得到强有力的海陆空增援，才能顶住即将到来的更大规模的进攻。尼米兹立即致电海军总司令金上将，要求允许他抽调驻瓦胡岛的美陆军第 25 师，以及中太平洋地区的飞机，归南太平洋部队和地区司令部指挥。同时命令治愈皮肤病归队的威廉·哈尔西海军中将，接替受伤的弗兰克·弗莱彻海军中将，出任南太平洋航空母舰编队指挥官。

与此同时，尼米兹将南太平洋舰队分成 3 股打击力量，全力迎接日军的挑战。

10 月 9 日，2 艘大型运输舰和 8 艘驱逐舰从努美阿港拔锚起航，驶往瓜达尔卡纳尔岛，这支运输舰队运载着美陆军第 25 师先遣队 3000 余名士兵。奉命为其护航的第一支打击力量，是由诺曼·斯考特海军少将指挥的第 64 特混编队，拥有重巡洋舰"旧金山"号和"盐湖城"号，轻巡洋舰"波伊斯"号和"海伦娜"号，以及 5 艘驱逐舰。斯考特将军参加过第一次世界大战，作战勇敢，经验丰富，深谋远虑。他仔细研究过日本人的夜战经验，着手对自己的舰队进行强化训练。功夫不负苦心人，美国水兵很快就掌握了夜战的要领。斯考特非常想捕捉到战机，与日本人在夜战中一试高下。与日本海军相比，他还有一个更为有利的条件，美国人的军舰装有雷达，能穿透夜色洞察敌人的动向。而日本人的军舰上没有雷达，只能用肉眼搜索海面。

戈姆利寄希望于斯考特，能给屡次夜战中受挫的美国海军争口气，他命令第 64 特混编队："搜索并击毁日舰和登陆艇，以进攻保护运输舰队安全卸载。"

▲ 活跃于丛林的游击队员正向美军传送日军情报。

与此同时，第二支打击力量，以航空母舰"大黄蜂"号为核心的航空母舰特混编队，和第三支打击力量，以战列舰"华盛顿"号为核心的战列舰编队，已先后驶入预定海区。航空母舰特混编队集结在亨德森机场以西180海里处，随时准备为斯考特进行空中支援。战列舰编队则在瑞卡塔岛以东海域，截击可能出现的日舰编队。

3路兵马布下天罗地网，美国人决心对"东京快车"实施一次严厉的打击。

11日上午11时45分，一架美远程巡逻机在瓜岛西北210海里处发现了正在急匆匆驶往瓜岛的庞大的"东京快车"，立即发回警报。斯考特接电后马上率舰队向埃斯帕恩斯角－萨沃岛一带海域破浪前进，途中又两次接到发现日舰编队的急电，至18时10分，据报日舰队距萨沃岛已经不到100海里。此时，斯考特正以29节的高速朝萨沃岛猛进，企图抢在日军前面，布阵以待。

11日21时，斯考特率舰绕过瓜岛西海岸，向埃斯帕恩斯角挺进。半小时后，斯考特命令4艘巡洋舰的侦察机起飞，前往搜索日舰。突然，一架正欲起飞的美机腾起大火，火光照亮了黑沉沉的海面。原来，这是"盐湖城"号上的飞机发生了照明弹事故。斯考特大为恼火，又十分恐慌，这种自我暴露，无疑就等于直接给日本人送情报，后果必将不堪设想！

此时，庞大的日本"东京快车"正兵分两路，从瓜岛北面和西北面海域渐渐逼来。

后藤少将率领的火力支援群在雾气迷蒙的黑夜里像一个"幽灵"似的小心翼翼地前进。21时30分，后藤已到达埃斯帕恩斯角西北距斯考特舰队约50海里处。夜越来越深，突然，后藤看到了一团火光，这其实就是"盐湖城"号上的飞机在燃烧，但后藤却认为这是日本第2师团在登陆海滩上点起的篝火信号。日舰马上用闪光灯联络，因迟迟不见对方回答，有人起了疑心。可是，后藤坚信美国舰队是决不敢在黑暗中向擅长夜战的日军挑衅的。他想即便在登陆海区有美军舰艇，把它们引出来也好，可以在夜战中将其歼灭，因而日舰继续用闪光灯向这一团火发出信号。由于日舰闪光太弱，加之海面雾气太大，美舰也没有发现这一信号。至此，双方在黑暗的海面上继续摸索着接近。

"发现目标，方位285度，距离6海里。"23时42分，斯考特接到"海伦娜"号的敌情报告，他开始叫苦不迭。

日舰队就在眼前，而他的先头驱逐舰在刚刚的转向行驶中已脱离队形，黑暗中又看不到它们的影子。而此时，日本人那种猫一般的夜战眼睛在浓浓迷雾的暗夜中也丧失了视力，后藤舰队正处在"盲人骑瞎马，夜半临深池"的境地，当它与美舰相距4,550米时，仍然没有发现美舰队，就像在萨沃岛遭到奇袭的克拉奇利的舰队一样，完全蒙在鼓里，这正是斯考特进行攻击的绝妙时机！

23时46分，"海伦娜"号首先开火，其他美舰也相继凶猛地炮击。刹那间，闪光划破夜空，重炮震撼海面。后藤少将的旗舰"青叶"号驶在舰队的最前面，它突然被照明弹照得雪亮，首先遭到美舰"盐湖城"号、"波伊斯"号、"海伦娜"号的集中炮击。几秒钟后，一发炮弹击中"青叶"号，舰上顿时腾起一团惊人的火球。在惊恐和混乱中，后藤以为射击他的是定岛指挥下的日舰，因而特别恼火，立即下令各舰由右向后相继转向，脱离接触。岂料命令刚刚下达，一颗重炮弹便在他的旗舰"青叶"号的瞭望台附近猛烈爆炸，舰上顿时火焰飞腾，后藤也被弹片击中，这位将军临死还以为自己是遭到了日舰误击。

日舰被这突如其来的袭击打得懵头转向，它们毫无目标地乱放了一通炮火，而主力舰只重巡洋舰"青叶"号和"古鹰"号早已腾起大火，遭受重创，唯有重巡洋舰"衣笠"号和"初雪"号由于擅自从左向后转向，逃掉了美舰雨点般炮弹的轰击。

23时51分，"旧金山"号发现在西北千余米处有一艘神秘舰只与其平行航行，斯考特大为困惑。突然，这艘身份不明的舰只向"旧金山"号发出奇怪的红、白两色灯光，这一愚蠢的举动立即暴露了自己的马脚，"旧金山"号打开探照灯一看，认出这是被打得破烂不堪毫无防御能力的日驱逐舰"吹雪"号，几乎在这同时，所有的美舰集中火力，炮弹铺天盖地打来，"吹雪"号旋即发生了大爆炸，仅2分钟，"吹雪"号便呜呼哀哉了。

24时，斯考特命令各舰暂停射击，并通知各舰打开识别灯，准备编成单纵队，再发起更猛烈的进攻。不料此举反倒给了溃不成军的日舰队一个喘息机会，日舰趁此良机，向美舰进行了猛烈的炮火反击，并进行了鱼雷攻击。

突然间，日舰所有的大炮一齐沉默下来，原来他们发现主将阵亡了，便载着后藤的尸体仓皇逃窜。

此战，日军沉没巡洋舰和驱逐舰各1艘（救援舰未计在内），损伤巡洋舰2艘。美军沉没驱逐舰1艘，损伤驱逐舰1艘、巡洋舰2艘。但是，这次海战，美军首次击溃了一直为"东京快车"提供掩护的联合舰队火力支援群，同时粉碎了它对亨德森机场进行夜间炮击的企图，使自恃为夜战行家的日本海军损兵折将，大败而归。

第六章

虎狼之争

　　山本五十六精心制订了一个庞大的海陆空进攻瓜岛的作战计划。该计划准备动用日本联合舰队的大部分兵力，全力以赴，从海上打击美军；同时，百武将出动 2 万名士兵分三路突击……求援电报雪片般地落在罗斯福总统的办公桌上。罗斯福认真听取了瓜岛的有关情况后，亲自给参谋长联席会议的每个成员发了一份严厉的通知，要求必须迅速向瓜达尔卡纳尔岛增援。

No.1 山本五十六的野心

乘着美军海军全力对付支援群之际，运送日本陆军的运输舰队马不停蹄，继续驶往瓜岛。10月9日午夜，日运输舰队在蒙蒙雨雾中驶抵瓜岛的塔伊乌角。夜色深沉，万籁俱寂。第2师团的6,000名士兵换乘登陆艇后，井然有序地趟水上岸。由于有雨雾，运输舰上的水兵并不担心遭到美机轰炸，他们迅速组织人力装卸武器和给养上岸。

第17军司令长官百武中将，在住吉少将和川口少将等人的陪同下，走下驱逐舰的舷梯，换乘登陆艇上岸。远处的奥斯腾山阴森森地耸立着，看上去触目惊心，这是百武走上海滩的第一印象。

海滩上突然响起两声枪响，枪声在寂静的夜空中久久回荡。川口向枪响的地方跑去，厉声喊道："谁在暴露目标，不怕美机来轰炸么？"

"是我。"让政信中佐气呼呼地挥舞着手枪，"太不像话啦！"

原来是岛上的士兵抢劫粮食，他们发现登陆艇运上来的大米，摇摇晃晃地从丛林里钻出来，谎称帮忙卸货，乘水兵们不注意，几个人扛起一包大米就跑，军官们大声吆喝也制止不住。衣衫褴褛、蓬头垢面的士兵越聚越多，后来的人索性一哄而上，撕开粮食口袋抓起生米往嘴里填，造成海滩上一阵不小的骚乱。让政信正好趟水上岸，见状大怒，拔出手枪打倒了一个不管不顾的军曹。抢粮的士兵一下子都被镇住了，不知这个凶神恶煞般的中佐要如何处置他们。

"你们是哪一部分的？"川口压住让政信的手枪问。

一个形同槁木的士兵流着眼泪跪下说："我们是一木支队的残部，您高抬贵手吧，弟兄们十几天没吃粮食啦！"

跟在他身后的人都纷纷跪下，泣不成声。

"我们是门前大佐的工兵……"

"我们是您的部下啊，将军！"

川口鼻子一酸，泪水忍不住流了下来。他扶起跟前的士兵说："起来，大家都起来，你们跟我受苦了……叫你们的长官来，给每人发一份口粮。"

"川口将军，你不能擅自作出决定，"让政信冷冷地说，"抢劫军粮要受军法处置的，我要把他们交给军法处。"

"中佐，"川口转过身来，愤怒地盯住让政信，"收起你的手枪吧，人都要饿死了还不放过，我命令你离开这里。"

"好吧。我要向百武司令长官汇报。"让政信行了个军礼，拂袖而去。

10 月 10 日黎明，百武在塔辛姆波科基地建起新的司令部，他得知美军已经发动小规模的反击，并夺取几个前沿阵地，正在闷闷不乐。百武派人找来川口，责问他军纪不严，怂恿部下抢劫给养。

川口没有马上分辩，吃过早饭，他请军团长视察驻地，慰问一下"血岭"一役余生的士兵。川口支队的残兵闻知将军来看望他们，勉强排成队列迎接。百武简直不敢相信自己的眼睛，这些士兵们一个个脸色蜡黄，眼睛凸出得吓人。由于身体严重缺乏养分，头发、眉毛甚至眼睫毛都在脱落，不用化装就和鬼怪差不多。

一个光着膀子、骨瘦如柴的大尉出列报告说，他的部队连战死带饿死，剩下的士兵没几个人了。现在靠野菜和树皮充饥，抢粮食固然不对，但总得活下去，他请求尽快拨给他们食物和药品，好挽救部下的生命。

另一个衣不遮体、肋骨突出、牙齿松动的小队长报告说，他的小队整整一个月没吃到粮食，连喝口海水都觉得甜滋滋的。但大家都不敢随便喝，喝了海水就拉肚子，许多人蹲着蹲着就再也起不来了……

百武皱着眉头听完官兵们的汇报，说："让天皇的士兵落到这种地步，实是我这个司令长官的过错……请大家再坚持一下，我尽快把食物和药品送来。等拿下机场，立即用飞机把你们送回国内休养。"

回到司令部后，百武立即致电拉包尔基地：

瓜达尔卡纳尔局势远比预计的严重，请加快速度派增援部队和运送给养。

百武上岛后，对所属部队进行了全面部署。16 日开始清扫亨德森机场附近的美军外围据点，向机场逐步接近，预定 22 日发动总攻。

山本得知第 17 军团已经登陆成功，认为决战的时机成熟了。驻守亨德森机场的美军业已精疲力竭，不堪一击。只要联合舰队倾巢出动，配合陆军再次发起联合进攻，美国人就会全线崩溃。在大本营的支持下，山本精心制订了一个庞大的海陆空进攻瓜岛的作战计划。该计划准备动用日本联合舰队的大部分兵力，组成"瓜达尔卡纳尔支援群"。支援群主要包括近藤中将指挥的先遣部队和南云中将指挥的航空母舰部队，共拥有"祥鹤"号、"瑞鹤"号、"瑞凤"号、"隼鹰"号、"飞鹰"号 5 艘航空母舰，共载飞机 260 余架；四艘战列舰是"金刚"号、"榛名"号、"比睿"号、"雾岛"号，外加巡洋舰和驱逐舰群。舰队的使命是全力以赴，从海上打击美军；同时，百武将出动 2 万名士兵分三路突击，首先拿下亨德森机场，然后，近藤的先遣部队冲进海峡，炮击瓜达尔卡纳尔，消灭残敌；在夺取亨德森机场之后，舰载飞机立即进驻。日海空力量将全力以赴地捕捉并歼灭所罗门海区内的美舰队和增援兵力。

▲ 在瓜岛海战中，靠岸的日军运输船给岛上日军补给。

进攻发起时间定在 10 月 20 日。

与此同时，为了压制瓜岛美军航空兵，掩护陆军登陆，削弱亨德森机场的防御力量，日本海军水面舰队从 10 月 11 日开始，挺进瓜岛水域，展开先期作战，争夺制空权和制海权。

10 月 13 日，一支由 2 艘战列舰、1 艘巡洋舰和 9 艘驱逐舰组成的炮击编队，抵达瓜岛对亨德森机场进行了 10 多分钟射击，共倾泻了 918 发 356 毫米大口径炮弹，亨德森机场成为一片火海。14 日夜间，日军第 8 舰队由三川亲自指挥一支炮击编队，再次突入铁底湾，第二次炮击了亨德森机场。15 日夜间，日军第三次炮击了亨德森机场。

联合舰队倾巢出动，发动前所未有的攻势行动，给美军造成了严重损失。三次炮击后，驻守在瓜岛亨德森机场的"仙人掌航空队"只剩下 8 架 B - 17 重轰炸机、10 架 SBD "无畏" 俯冲轰炸机和 24 架 F4F "野猫" 战斗机，而且跑道被毁，燃料几乎全被焚毁。

10 月 14 日、15 日，日军乘"仙人掌航空队"机场被毁、汽油短缺之际，连续组织运输船队向瓜岛运送部队。两个夜间共送上岛 5,500 人和数门 150 毫米大炮，使岛上日军的数量急剧增加。至 10 月 17 日，日军在瓜岛的兵力已达 15 个步兵营，2.2 万人，25 辆坦克和各种火炮 100 余门。

一场大战渐渐来临。

No.2 临危受命的"蛮牛"哈尔西

此时，瓜岛已成为美国全国关注的焦点。美军则因为机场几近瘫痪，制空权、制海权都已易手，岛上部队后援困难，士气低落。瓜岛面临着严重危机，范德格里夫特紧急电告尼米兹：

……形势要求立即采取如下两种措施：占领并控制飞机场附近的海面，以阻止日军继续登陆和对我军进行直接炮击；至少增援一个师的地面部队，以便展开广泛攻势，歼灭目前集结在飞机场附近的敌人。尼米兹认为瓜岛的局势确实危急，但远远没到绝望的地步，关键要夺取瓜岛的制海权、制空权。

10月15日晚上，尼米兹上将召开了一次特别会议，参加会议的主要是随他去过南太平洋的参谋人员。埃斯帕恩斯角夜海战一役，刚刚使人稍感欣慰，但日本人很快重新夺回制海权，变本加厉地封锁海上运输线，这一切又怎能不让高级指挥官们心烦意乱。尼米兹更是如此，他看上去忧心忡忡，心情沉重。参加这次会议的参谋回忆说："只几天功夫，尼米兹就像变了个人一样，他的老毛病复发了，一只手不停地微微颤抖，从前炯炯有神的蓝眼睛好像变成了暗淡无光的深灰色。"

尼米兹打起精神，说："瓜达尔卡纳尔岛的局势确实严峻，诸位都跟我去看到过了。但我提请大家注意，我们历经挫折，日本人也同样狼狈不堪，精疲力竭，关键在于谁能坚持下去。所以我强调，任何悲观失望的情绪都是不能容忍的！"

首先的问题是要加强南太平洋战区的领导。现任南太平洋司令戈姆利缺乏胆识与魄力，从一开始就对战局持怀疑的态度，对作战指挥上的分歧不能妥善解决，导致部下怨声载道，没有能力扭转这种危急局面。尼米兹听取了很多中下级军官的意见，决定更换指挥官。

不错，戈姆利是一位老资格的舰队指挥官，作战经验丰富，老谋深算，具有职业军人的献身精神。但从另一方面看，精明过头就变得谨小慎微，患得患失，所以不能及时鼓舞士气，力挽狂澜。特别是两军相峙的困难阶段，戈姆利缺乏一个高级指挥官应有的感染力和号召力，没有胆量打大仗、硬仗。

一位心直口快的参谋毫不客气地说，所罗门群岛海战以来的失败都应由戈姆利负责，他最大的问题是决策失误和指挥不力，这甚至有点人身攻击的意味了。尼米兹打断他的发言，认为大家应抱着实事求是的态度，解决南太平洋部队和地区领导人的问题，戈姆利毕竟指挥过著名的中途岛战役、珊瑚海战役，功不可没。

看来，要改变南太平洋战区的现状，必须走马换将了。

问题是三军易得，一将难求，且大战将即，临阵易帅事关重大。尼米兹想来想去，举棋不定。他要求与会者都表一下态，这种时候是否应该撤换戈姆利？在场的军官都明确表态，不能再迟疑不决了，应该选一位敢作敢为、富有积极进取精神的指挥官取代戈姆利，肃清笼罩着南太平洋面部队的悲观情绪，迅速扭转不利局面。

会议接下去讨论了人选的问题，经过反复研究，大家推荐出两位将军。一位是头发花白、猛打猛冲的特纳海军少将，一位是虎背熊腰、敢作敢为的哈尔西海军中将。两人在美国海军界均以骁勇善战著称，威望和资历不相上下，前者绰号为"怪物"，后者绰号为"蛮牛"。

尼米兹没有表态，内心却倾向哈尔西。

特纳无疑是个难得的将才，但他好大叫大喊，

▲ 绰号"蛮牛"的美军南太平洋舰队司令哈尔西。

容易激动，遇到情况不够冷静。他指挥的运输舰队和陆战第 1 师有摩擦，范德格里夫特对特纳也不满意，曾几次向尼米兹告状。从另外一个角度讲，现在南太平洋战事趋紧，最好委托一名军衔、威望、资历更高的指挥官来统帅南太平洋战区，也好协调海军和陆战队的关系，步调一致取得胜利。再有，哈尔西一直指挥航空母舰编队，具有丰富的航空兵作战经验，在所罗门群岛不断发生航空母舰大战的情况下，"蛮牛"将军是个比较理想的人选。

哈尔西生于 1883 年，其父曾被授予海军上校军衔，这对他选择了海军生涯有很大影响。1903 年，他考入海军军官学校。在第一次世界大战前，哈尔西已是一名驱逐舰舰长。恰巧，未来的美国总统罗斯福也在这只舰上从事海域测量工作，两人从此结下了不同寻常的友谊。第一次世界大战期间，哈尔西作为一支驱逐舰编队的指挥官，参加了战争，并获得了一枚海军十字勋章。哈尔西有着一张扁平的脸，短粗的脖子，开阔的前额。两眼之间间距很大，但炯炯有神。他做事果断，官兵们都亲切地称他为"蛮牛"。珍珠港事件爆发前夕，太平洋局势已相当危急，哈尔西奉命去威克岛运送飞机。临行前他向金梅尔上将请示："战争迫在眉睫，如果遭遇日本舰队，我怎么办？"

金梅尔模棱两可地说："你酌情处理就行了。"

出发后，哈尔西立即发出了"第一号作战命令"，要求全体官兵随时准备战斗，若遇日舰，立即将其击沉。他的参谋长提醒他说："你知道这项命令意味着战争吗？"

　　哈尔西冷静地说；"如果发现敌人过来就先发制人，有什么争论到以后再说。"这生动地表现出哈尔西敢做敢为的倔强性格。

　　日军偷袭过珍珠港，继而全歼美亚洲舰队，美国朝野震惊，谈起日本海军就谈虎色变。胆大包天的哈尔西，临危受命，出任美太平洋舰队航空母舰编队司令。他率珍珠港仅存的3艘航空母舰积极出击，先后两次成功地进行了对日海空反击战，使马绍尔群岛、吉尔伯特群岛、威克岛和马尔丘斯岛上的日军闻风丧胆。尤其是对马尔丘斯岛的奇袭，简直是摸老虎屁股。哈尔西大获全胜，凯旋而归，极大地鼓舞了美海军低落的士气。美国民众无不欢欣鼓舞，奔走相告，认为"珍珠港事件得以雪耻了"。

　　1942年4月，哈尔西再创奇迹，他率领第16特混舰队，摸到距日本首都仅700海里处，直接指挥了杜立特尔中校空袭东京的壮举。16架经过改装的"空中堡垒"式轰炸机，分别轰炸了东京、名古屋、大阪和神户，犹如打了日本天皇一记响亮的耳光，使得日本国民大为震动，迫使日联合舰队司令长官山本袭击中途岛，打了一场让他至死也无法原谅自己的大败仗。

　　哈尔西屡建奇功，确实是尼米兹手下不可多得的一员虎将。

　　无怪瓜达尔卡纳尔岛争夺战日趋白热化，亨德森机场守军处境险恶之际，太平洋舰队司令部的参谋们推荐他接替戈姆利。

　　哈尔西是位充满自信而又积极进取的指挥官，他有能力冲破敌人的封锁，夺回瓜达尔卡纳尔岛制海权。但这头"蛮牛"也有个毛病，嘴上没有把门的，爱"乱放炮"，届时拉紧他牛鼻子上的缰绳就是了。

　　尼米兹想着，脸上露出一丝微笑，心里似乎轻松了许多。

　　当天晚上，尼米兹给哈尔西发了一份电报，要他取消在瓜达尔卡纳尔停留的计划，直接去努美阿港，在那里接受新的任务。

　　第二天早晨，尼米兹电告海军总司令金上将，把自己的想法告诉了他，并请他批准哈尔西接替戈姆利的职务。很快，尼米兹就收到了"同意"的复电。

　　10月18日下午2时，哈尔西将军乘坐的"科罗纳多"水上飞机刚在努美阿港降落，一艘救生艇就开了过来。哈尔西刚刚登上救生艇，戈姆利的副官向他敬个了礼，递给他一个密封信封。

　　哈尔西马上意识到，在如此紧急的情况下，给他这样一封信一定有什么要紧的事。

　　他马上撕开信皮，接着把里面注着"机密"两个字的信封拆开。信封里装着太平洋舰队总司令尼米兹上将发来的一封电报：

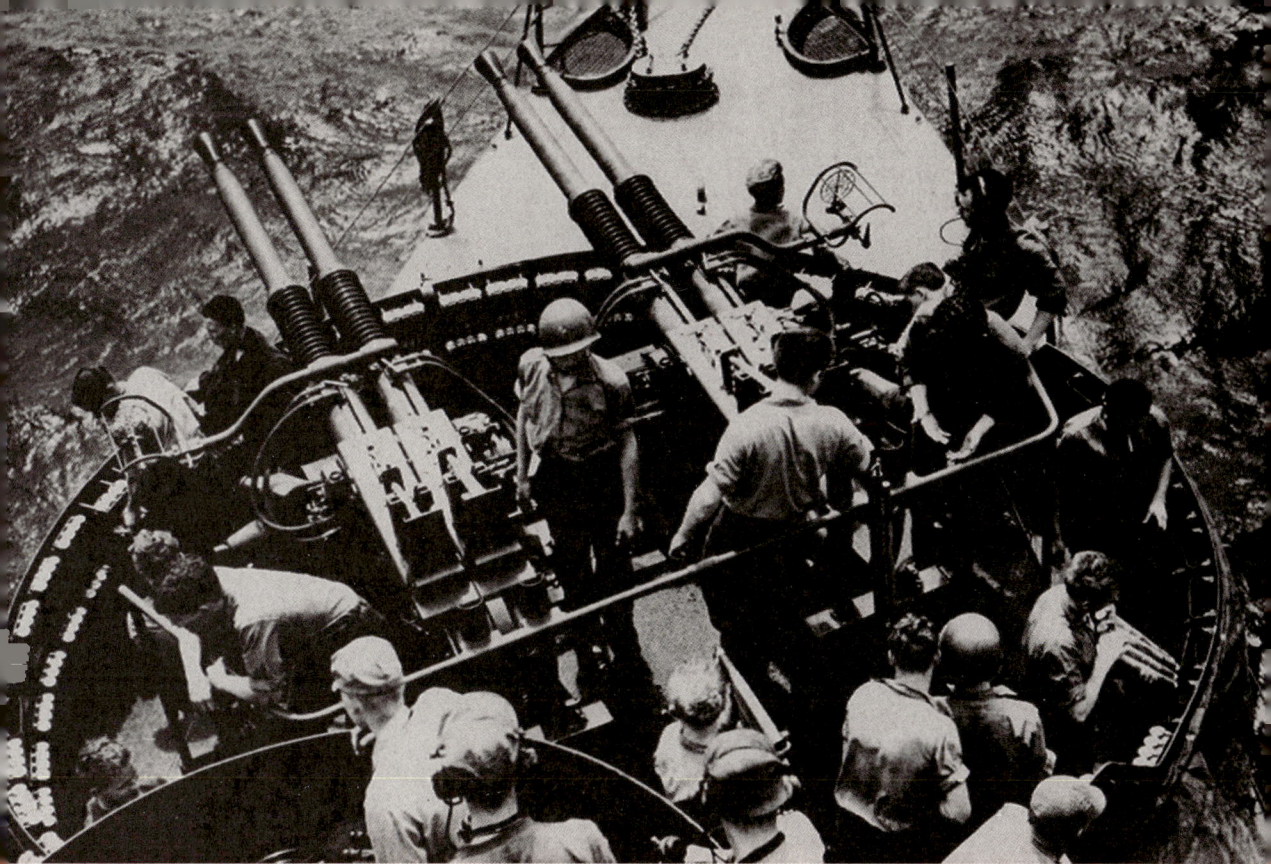

你抵达努美阿后，即接替罗伯特·戈姆利中将出任南太平洋地区兼南太平洋部队司令。

哈尔西简直有点不敢相信自己的眼睛，又看了一遍电报。"上帝和杰克逊将军呀！"他情不自禁地说，"这就是他们要我去干最棘手的差使了！"

听到将由深受官兵敬重的哈尔西来指挥，广大中下级官兵无不欢欣鼓舞，士气为之一振！一位陆战队军官回忆当时的情景时说：

这是我永远不会忘记的情景，那时我们忍受着疟疾的折磨，连爬出战壕的力气都没有，但听到了哈尔西就任的消息，都高兴得像羚羊一样跑着跳着欢呼雀跃！

接手南太平洋的工作后，哈尔西发现戈姆利和他的参谋人员都不能向他提供有关瓜岛局势的第一手情况。他们把自己埋在文件堆里，很少离开"亚尔克尼"号。因此，哈尔西给范德格里夫特将军发报，要他一旦条件允许，马上来努美阿汇报情况。

23日，范德格里夫特同正在瓜岛视察的海军陆战队司令霍尔库姆中将一起抵达努美阿。当天晚上，哈尔西召开会议。会议开始后，首先要范德格里夫特介绍瓜达尔卡纳尔岛上的局势。范德格里夫特回顾了那里的作战经过，并谈了他对敌军实力和意图的估计。他强调他的部队处境不好，疟疾削弱了官兵体质，食物供应不足，夜间空袭影响睡眠等等，现在急需补充航空兵和地面部队。

哈尔西坐着，用手指敲打着桌子，然后看着范德格里夫特问道："你能守住吗？"

"能，我能守住，"范德格里夫特回答说，"但必须得到更有力的支援。"

海军司令特纳立即表示，海军已竭尽全力了。因为没有足够的战舰保护，几个月来，他的部队已经损失了大量运输舰。

哈尔西没有理会特纳的话，而是转向范德格里夫特说："范德格里夫特，你放心好了，我保证尽我所有的一切支援你。"

哈尔西的话表明，只要瓜岛美军坚决守住阵地，海上部队将全力进行支援。

面对日军的咄咄逼人之势，尼米兹自感力量不足，从珍珠港发往华盛顿的求援电报，雪片般地落在罗斯福总统的办公桌上。海军作战部长诺克斯和陆军参谋长马歇尔、陆军航空兵司令阿诺德认为瓜岛的战斗消耗着日军的飞机、舰艇和兵员，将大大削弱日军在太平洋其他地区的防御，因此瓜岛对整个战局具有决定意义。但此时，欧洲战场吃紧，参谋长联席会议在拨出大批飞机增援南太平洋战区的问题上举棋不定。

罗斯福总统认真听取了瓜岛的有关情况后，认为不应该放弃。他亲自于 10 月 24 日给参谋长联席会议的每个成员发了一份严厉的通知，坚持必须迅速向瓜达尔卡纳尔岛增援。

要保证尽可能地把各种武器运去守住瓜达尔卡纳尔岛，既然在以前我们守住了这个岛屿，在这个关键时刻，就要充分利用我们的胜利成果，把弹药、飞机和机组人员不断运去。

在瓜岛作战上，尼米兹终于获得总统的支持。参谋长联席会议也批准他，可以随时从太平洋其他地区抽调飞机、军舰增援瓜岛。据此，尼米兹可以放手向南太平洋调集兵力，先后调去了"南达科他"号战列舰、24 艘潜艇、80 架各种飞机和陆军第 25 师，而在 8 月 24 日海战中受伤的"企业"号航母也于 10 月初修复参战。海军派出战列舰"印第安纳"号和潜艇 25 艘，陆军派出一个步兵师，空军派出 70 余架飞机，归太平洋舰队指挥。尼米兹撤换了南太平洋空军司令约翰·麦克思空军中将，任命能征善战的英里布·菲奇空军少将接替其职，并拨出战斗机 50 架、轰炸机 24 架，直接飞往亨德森机场。

截止到 10 月 23 日，美军在瓜岛的兵力达到 2.3 万人，与日军大致相等。

No.3 夜幕下的激战

与此同时，在瓜岛上，丸山指挥的日军第 2 师团已开始向奥斯腾山进发，准备发起新一轮进攻。日军计划在 10 月 20 日前迂回到亨德森机场后面，从那里发动攻击。

10月16日，丸山率部进行迂回。第一天的行军因为是穿过椰林和越过荒秃的高地，显得很轻松。次日，长长的队伍被山坡上的茂密森林吞没。丸山走在队伍前面，手里拿着白色手杖，艰难地行进着。走在他身后的是那须少将，他前额上裹着一块白布，因为身患疟疾而艰难地一步一步向前走。小道越来越窄，士兵们排成一列纵队前进。弯弯曲曲的纵队，缓慢而吃力地越过一个个丘陵，一条条河川。每个士兵，除了自己的背包外，还得扛大炮零件、炮弹或其他装备。因为点火做饭危险太大，所以从士兵到将军一律吃预先准备好的冷饭团。碰上悬崖峭壁，他们就用绳索攀登，较轻的大炮零件和机枪全靠人力运过悬崖。行军至第三天，除了一些身强力壮者外，其余的人再也走不动了，于是，一尊尊大炮只好被抛弃在小道两旁。很明显，他们已不可能按原定日期到达，丸山电告百武说，进攻时间不得不推迟一天。

到了10月20日，丸山还未抵达攻击地点，进攻时间不得不推迟到10月22日。这天下午，丸山的部队终于绕过奥斯腾山。在这里，日军兵分两路，由那须及师团司令部继续沿小道直奔亨德森机场，由川口率领3个步兵营和3个机枪迫击炮营折向东南，从机场右翼发起进攻。

与丸山分兵后，川口遇见了辻政信。辻政信很瞧不起这个败军之将，但川口不知道辻政信对他怀有敌意。"你在这里我很高兴。"他说，接着他便把自己对进攻计划的疑虑告诉辻政信。计划不可能行得通，原计划规定那须从左翼发动攻击，川口率领的右翼部队从上次的路线发动进攻。但这一带地形复杂，高地崎岖坎坷，根本无法发动正面进攻。

"海军从空中拍摄的照片你看过了吗？"川口问。在他看来，这些新近拍的照片表明，美军已大大加强和扩大了防御区域。"这些照片清楚地表明，从正面进攻我们没有获胜的希望。我想率部队绕到敌军东侧的后边去。"

那里是亨德森机场的东南端，只需越过光秃秃的小山，走过开阔地，穿过稀疏的小树林便可抵达。经过上次战斗，川口了解了这一带的地形。如果按照他的意见，那须从左翼照原计划行动，他则要稍微改变一下进攻路线，这样，两支部队便能真正夹击美军。

"我不需要看那些照片。"辻政信回答说，"我熟悉这里的地形，完全同意你的建议。"川口想把他这个意见通知丸山，辻政信却说没有必要。"我会亲自向丸山解释。我祝你取得巨大成功。"

10月22日上午，攻击时刻来临之际，丸山那些疲惫不堪的士兵仍在蒸笼一般闷热的丛林中连滚带爬，还没有达到攻击地点。丸山只好第三次推迟时间，命令于次日午夜发动总攻。川口于当日下午才接到命令，而他离进攻地点起码还有一天半的路程。

情况紧急，他用电话通知丸山，说他的部队不能在预定时间赶到目的地。

丸山简短地回答说，不能再延误。这时川口才明白，要弄权术的辻政信根本就没有把他们要调整进攻路线的情况告诉丸山。川口一下子紧张起来，脑袋嗡的一下。但他随即冷静下来，克制住自己说："那样的话，我只能派先头部队参加预定时间的进攻了。"

丸山听后大声喊道："我不管你有什么困难，但你必须不折不扣地执行命令。"喊完便把电话筒一扔。这次战斗前，很多人不同意起用川口，说他打仗不行。难道情况真的如此。丸山赌气地想了一会儿，重新给川口打电话。"川口将军，"他生硬地说，"你立刻到司

▲ 日军舰队为配合日军 17 军的登陆作战，在瓜岛附近截击美军舰队。

令部报到，至于你的职务，请交给东海林俊茂大佐。"

这样一来，日军便失去了一位最了解战场情况的指挥官。

23 日傍晚，进行佯攻的住吉已做好准备。他的所有重炮和弹药全是从马塔尼考河西面搬运过来。由于没有收到第三次推迟总攻时间的通知，他的作战行动比其他部队提早了一天。傍晚 6 时，太阳刚刚落山，一阵激烈的炮击突然响起。随后，日军战车冲出丛林，朝马塔尼考河冲去。驻守在河对岸的陆战队第 1 团猛烈炮击，他们对这个地区大部分的目标早就测量好了，杀伤之惨烈真是惊人。

战斗只进行的半个多小时，住吉的 600 多名部下被打死，日军的佯攻失败了。

这次进攻使美军警觉起来，加固了防御工事，增加了潜伏侦察哨，在阵地前的铁丝网上挂上很多金属片，日军一接近就会被发现。还将阵地前影响射界的茅草全部清除，做好了防御准备。

次日下午，美军发现亨德森机场后方有大量敌军。首先，他们发现一队敌军正在越过奥斯腾山山脚；之后，又有人发现一个日本军官正用望远镜观察高地。最后，美侦察狙击队的一个海军陆战队员报告说，看到在高地南面3公里外的丛林中升起"许多炊烟"。

这就是川口率领的部队。

随同这支部队行军的辻政信一直坚信，美军不会料到这个方面会有大规模的进攻。其实，美军早就做好了准备，在这个方向部署了重兵把守。防守这个地区的是身体矮小，凸出一副鸡胸的刘易斯·普勒。普勒曾经历过上百次战斗，具有丰富的作战经验。接受任务后，

◀ 美军舰队正在驶往瓜岛途中。

他命令士兵们加深战壕，加高沙包工事。铁丝网上挂满弹片和其他金属片。这样，敌人夜袭时就会发出警报声。士兵们用刺刀作镰刀，把影响视野的草丛全部割去，以免在射击时阻挡视线。小山顶上也布了哨兵。总之，普勒的海军陆战队已严阵以待。

此时，日军舰队在海面上巡航已近两个星期，山本实在按捺不住了，他通知第17军说：如果不立即夺取瓜达尔卡纳尔岛上的飞机场，舰队将因燃料不足而撤退。因为在夺回亨德森机场之前，日军大本营不愿冒险进行其他战斗。

百武晴吉接到电告后慌了手脚，只得立即硬着头皮命令发动决死进攻。并向山本保证："瓜岛机场在当天夜晚即可占领！"日本海陆军双方已计议妥当，一俟陆军占领亨德森机场，立即发射绿、白、绿三颗信号弹。海军见到信号后，水面舰只马上出动，配合战斗，航空母舰"隼鹰"号在天亮后马上袭击瓜岛美军舰只。

直到此时，丸山还没有做好准备，但他却以为万事俱备。左面，那须将军虽已进入阵地，

▲ 一名日本士兵被烧焦的头颅。

但接替川口的东海林大佐在离开小道后，却遇上了陡峭的山谷和不见天日的丛林，因此未能把主力带到原定的出击地点。

24日，夜幕迅速吞噬了丛林、海洋和天空，深沉而又令人不安的寂静转眼之间便笼罩了全岛。突然，天空中乌云翻滚，雷电大作，大雨瓢泼而下。

第2师团的总攻击开始了。日军士兵冒雨爬出阴暗泥泞的草丛，狂呼乱叫着扑向美军阵地。严阵以待的美军展开轻重武器火力，予以迎头痛击，陆战队士兵打得兴起，索性从战壕里跳出来，抱着机枪向日军猛扫。

但一批又一批的日本兵爬过同伴的尸体，发起一次又一次自杀式的冲锋。他们挥舞着军刀、刺刀、手榴弹和短刀等近战肉搏的兵器，逐渐突破美军阵地。美军的自动武器虽然打倒了前边的日军，可后边的日军蜂拥而上，于是战斗变成了野蛮的肉搏，双方都用刺刀、大刀和枪托来拼命。

大雨越下越密，最后几乎像一道雨墙。丸山和他的参谋人员，还有让政信，沿着一座坍塌的小山坡爬到一块平坦的岩石上面。参谋人员围绕着丸山紧紧地挤在一起，使他暖和一点。午夜后几分钟，他们听见右方传来轻武器射击声。枪声爆豆似的响个不停。东海林部队是突破了呢，还是被击退了？

负责与东海林联络的师团作战参谋松本报告说："右翼已攻进机场，夜袭成功！"

"万岁！"丸山情不自禁地喊起来。

电话铃又响了。"关于右翼成功的报告，我搞错了。"松本说，"他们还没有到达机场，他们穿过一块很大的开阔地，误以为是机场了。"

右翼的炮击仍在继续，响声比先前更大。一小时过去，自动武器和大炮的混合火力此起彼伏。那须感到情况不妙，一直对进攻行动抱有希望的让政信此时突然产生了不祥的预感，他后来回忆说："连骨头都觉得发冷。"

那须的第一次冲锋已被美军打退了。美军第164团在紧急情况下，动用了团预备队，搜索突入阵地的日军。战况异常激烈，一位美军军官对这次战斗曾经做过这样的描写：

倾盆大雨，好像天都要塌下来的样子，雷声比大炮还响亮，闪电在我们的周围乱钻。大约在我们前方180米的地方，日军正企图突破我们的前沿阵地。机关枪和迫击炮打成一片。炮弹从我们的头顶飞过去，好像跟高速电车从我们头上飞过去的声音差不多少。狂风骤雨中，大树会在你的身旁突然倒塌下来，这都是一些高达好几十米的大树。在闪电的照明下，看着周围的景象，感到自己不知道是活着还是已经死了。

那须身患疟疾，病得很厉害，但他仍然坚持留在火线附近。他更怕的是死于疟疾，而不是倒在他周围爆炸的炮弹下。他重新集结第29联队，再次冲锋，但又被美军压了下去。那须一次又一次组织突击，企图突破美军防线，但一次又一次失败了。

拂晓，那须已折兵一半，第2师团的王牌第29联队几乎全军覆没，联队长及军旗都下落不明。丸山听了报告后只得向百武发电："攻占机场尚有困难。"

参谋长劝丸山撤退，他根本不听。他给那须打电话说，师团把最后的预备队给他，让他于明晚发动全面进攻。

"让我今晚就进攻吧！"那须用狂热的声音回答说。此时，那须高烧已超过摄氏40度，他叫人再给他打一针，他祈祷皇天保佑他能活下去指挥进攻。

天黑后，那须仓促进入阵地，准备进攻。身体极为衰弱的那须用指挥刀当手杖，率部第一次冲锋。他好不容易一瘸一拐地冲到铁丝网前，黑暗中突然射来一排步枪的弹雨，一颗子弹正中那须的胸膛，血流如注。

接着，全线日军发起决死进攻。狂热的日军发出震撼夜空的喊声："陆战队士兵们，今晚你们就要完蛋啦！"

▼ 美军航母上，一架飞机正要降落。

美军所有武器一起开火，怒吼声达到最高潮。几分钟功夫，那须部队中队长以下全体指挥官死的死，伤的伤，残余日军继续踏着尸体向前冲锋。

到翌日清晨，美军已击退了日军第6次猛攻。

日军正在重新集结，准备作第7次攻击。双方士兵相互骂阵。

"为天皇讨还血债！"一个日本士兵用英语大声喊道。

"为罗斯福讨还血债！"美国海军陆战队士兵也喊道。叫喊逐渐发展成谩骂。"东条吃屎！"美国兵骂道。

日军第7次进攻，突破了美军部分阵地。美军不等日军扩大战果，甚至连挖工事的时间也没有，就展开空前猛烈的交叉炮火，使这个突出地区变成死亡陷阱。日军立足未稳便血肉横飞，死伤狼藉，只有几个日本兵逃得快，才从铁丝网空隙中钻回去，拣了条性命。

战斗一直延续到第2天上午，最后只剩下零星的枪声。日军被全线粉碎了，余生者踏着同伴的尸体溃退下去。

负伤的那须躺在担架上被抬回师团司令部，他向丸山师团长伸出了一只无力的手，还没开口说话便死了。

▼ 正驶往瓜岛增援的美军舰队。

第七章

战争的转折点

瓜达尔卡纳尔美军处于岌岌可危的境地，华盛顿的气氛紧张起来，就连坚决主张增援瓜达尔卡纳尔的罗斯福总统，对瓜岛的局势也产生了动摇，认为美军难以坚持下去，必须做好撤退的打算……然而，当所罗门海战的消息传来时，参谋长联席会议情绪为之一振，美国军政首脑无不欢欣鼓舞。罗斯福总统满怀信心地说："战争的转折点到来了。"

No.1 代价昂贵的 "胜利"

就在瓜岛陆战激烈进行之际，海上的大战也拉开了序幕。25 日早晨 6 时，山本得到可靠情报，瓜岛机场仍然在美军手中，日军陆上进攻已濒临失败。山本一听，十分恼怒，不得不赶紧制止预定的从海上炮击瓜岛的行动。

庞大的日舰队在瓜岛以北 300 海里处巡弋，静观战况如何发展。

中午时分，派驻瓜岛的联络官报告："因为在复杂地形条件下，部队调动困难，昨夜的进攻又失败了。"

现在只能看海军的了，是撤退还是战斗？箭在弦上，不能不发。思索了一会，山本命令在瓜岛水域周围集结待命的海军部队立即南下，迎击美军舰队。

当天夜里，山本发出通报：美舰队很可能在所罗门群岛海域出现，一旦美军舰队出现，联合舰队一定要将其消灭。山本严令：无论天气和美军飞机活动的情况如何，日机应该继续侦察和追踪，务必查明美舰的数量和类型。

接到山本的电报后，处于前卫的南云心绪紊乱，他叫卫兵把草鹿召来。一见面，南云就对草鹿说：瓜岛的陆上作战已经失败，海军也应该撤退，休整后再战。但现在山本却来了电报，看来只能硬着头皮作战了，想听听草鹿有什么想法。

"说实话，我一直反对在没有把握的情况下与美军交战，那样只能重蹈中途岛的覆辙。但是您是司令长官，最后决定要由您做，"草鹿回答说，"这个仗是您打的，如果您果真有意南下，我同意您的结论。"

随后，他提醒说，尚未侦察到敌航空母舰编队的位置，而肯定已被圣埃斯皮里图岛起飞的美机发现。"但是，既然您的主意已定，那就让我告诉您，我们决不能还没有歼灭敌人就先被敌人歼灭！"

草鹿回到舰桥，命令航空母舰进攻部队——3 艘航空母舰、1 艘重巡洋舰、8 艘驱逐舰以及由 2 艘战列舰、4 艘巡洋舰、7 艘驱逐舰组成战斗队形，掉头向南，以 20 海里的时速向美军驶去。

当瓜岛血战正酣之际，哈尔西已经向范德格里夫特将军派出他的全部兵力前来瓜岛海域助阵。10 月 24 日黎明，美海军少将金凯德指挥的由航空母舰 "企业" 号（舰载 83 架飞机）、战列舰 "南达科他" 号、巡洋舰 "波特兰" 号、"圣胡安" 号以及 8 艘驱逐舰组成的第 16 特混编队，开到了瓜岛东南 800 余海里的洋面上。与此同时，美海军少将莫雷指挥的由航空母舰 "大黄蜂" 号以及 4 艘巡洋舰、6 艘驱逐舰组成的第 17 特混编队也向同一方向急驶。这两支特混编队奉命在圣埃斯皮里图岛东北偏东 273 海里处会合，在圣克鲁斯群岛以北海区巡航，随时准备截击可能出现的日本舰队。

26 日凌晨零时 11 分，一架美侦察机发回急电："发现日军舰队，距离 300 海里，方位西北。"

三小时后，这架美机又报告："发现大型航空母舰 1 艘和其他类型军舰 6 艘，距离 200 海里，方位同前！"

日军舰队首先被美侦察机发现了。

南云和草鹿焦急不安地站在航空母舰"翔鹤"号的舰桥上，他们都担心会被美国飞机发现。这时，一名通讯军官报告，附近发现一架飞机，可能是美军轰炸机。南云一声不响地站立了 20 分钟，脸色惨白，凝视着漆黑的天空。

一声突然的爆炸使他清醒过来，接着又是一声。他的旗舰旁边升起了两根巨大的水柱。

南云把脸转向草鹿说："你先前说的话是对的。返航，全速。"

草鹿强压着愤怒，命令舵手以 24 海里的时速向北返航。他还命令 24 架搜索机向南分头侦察，他可不打算像在中途岛那样陷入重围。

美军攻击南云旗舰的不是轰炸机，而是两架携带炸弹和鱼雷的侦察机投放的。那两架美侦察机分别由斯托克顿·斯特朗中尉和查尔斯·欧文少尉驾驶。美机发回去的情报相当

▲ 称霸印度洋的日本海军四艘高速战舰，从右至左分别为"金刚""榛名""雾岛""比睿"

重要，它为美舰队实施先发制人的进攻提供了可能。可惜的是，金凯德没有收到这一情报，对此敌情一无所知，日舰编队转危为安。

这份价值很高的报告在发往圣埃斯皮里图岛的美军第 63 特混编队司令部时被拖延，至 5 时 12 分才转发，延迟了两个小时。远在努美阿的南太平洋部队和地区司令哈尔西一接到此电，迫不及待地发出指令："进攻，进攻，再攻击！"

10 月 26 日凌晨 4 时 30 分，航空母舰"企业"号的扬声器发出急促的战斗命令："人员远离螺旋桨，发动飞机！"

不久，晨曦吐露，东方泛白，灰白色的海空呈现出一支庞大舰队的影子，阴森可怖的战舰的巨体清晰可辨。16 架美侦察机、轰炸机一架接一架全部腾空，分三组在距离 200 海里的扇面内进行搜索。其中一个双机组在距"企业"号航空母舰 85 海里处与一架日军轰炸机相遇，因为双方都在寻找更大的目标，彼此都没有理会。

美第一个双机组在 6 时 17 分发现南云的以战列舰"比睿"号和"雾岛"号为主力的前卫群，经过详细察看后，于 6 时 30 分发回报告，继续向前飞行，寻找日军航空母舰，但没有找到。在返航途中，日军前卫群的高射炮向它们射击，在接近"企业"号航空母舰时，又与那架日军轰炸机相遇，那架日机已经侦察到了美军航空母舰特混编队的情况。

第二个双机组于 6 时 50 分第一次发现南云指挥下的航空母舰"瑞凤"号，距"企业"号航空母舰 200 海里，方位西北。此时，南云已辨认出美侦察机是舰载机，预感到美航空母舰就要出场了，便立即在"翔鹤"号、"瑞鹤"号、"瑞凤"号甲板上部署了 65 架飞机，随时准备出击。

当美第二侦察机组发现日本舰队后，迅速发回电报，并于 6 时 58 分对"瑞凤"号展开了空中攻击。"瑞凤"号立即施放烟幕，并转向躲避。美机投弹轰炸，但是它们遭到 8 架零式战斗机的拦截，在混战中，有 3 架美机被击落，其余的匆忙逃走。

正在这时候，南云接到侦察机发来的紧急报告："方向东南，距离 200 海里，发现美航空母舰 1 艘和其他类型军舰 5 艘。"

几个星期以来，南云和草鹿一直避免战斗。此时，美军舰队距离只有 200 海里，一场战斗难以避免了。

南云毫不犹豫地命令第一波攻击队立即起飞。

7 时整，"翔鹤"号、"瑞鹤"号和小型航空母舰"瑞凤"等 3 艘航空母舰的甲板上响起发动机震耳欲聋的轰鸣声。由 18 架鱼雷轰炸机、22 架俯冲轰炸机、27 架战斗机组成的第一攻击波正在起飞。

由于情况紧急，最后几架飞机还没离开甲板，草鹿就下令让第二波攻击队尽快跟上。以往，草鹿从未紧张过。今天，由于在中途岛的失利仍记忆犹新，他站在舰桥上不耐烦地朝"翔鹤"号甲板上的军官喊叫，要他们动作快点。他从望远镜中看到"瑞鹤"号的动作更慢，焦急地跺起脚来，命令信号旗手打旗语问："为何延误？"

他从舰桥这边走到那边，直到第二波攻击队的 12 架鱼雷轰炸机、25 架俯冲轰炸机、16 架战斗机全部飞上天空为止，他才松了口气。草鹿连一架战斗机也没留下来，既然已决定投入战斗，就要全力以赴。"敌人来了，就拿起长矛，"他喃喃自语道，"拿什么都行！"

日舰载机刚刚离舰，美军第三侦察机组听到第二机组的报告，便隐蔽飞临南云舰队上空。7 时 40 分，斯特朗中尉和欧文驾机向轻型航空母舰"瑞凤"号袭来。"瑞凤"号迅速调头规避，同时放出浓浓的烟幕。但仍被两枚 500 磅的炸弹命中。舰尾立即起火，飞行甲板也被炸开一个直径 15 米的大洞。幸而舰上飞机大多数已经出击，损失不很严重，可这艘航空母舰已无力投入战斗了。

美特混舰队发起空中攻击的时间比日军晚 20 分钟。7 时 30 分，"大黄蜂"号上的 15 架轰炸机、6 架鱼雷机、8 架战斗机相继腾空。8 点整，"企业"号上的 3 架轰炸机、8 架鱼雷机、8 架战斗机也纷纷离舰。8 时 15 分，"大黄蜂"号上又有 9 架轰炸机、9 架鱼雷机、7 架战斗机咆哮升空。三组机群顾不上编成战斗队形，匆忙踏上了进击日本航空母舰的征途。

途中，日美双方攻击机群相遇，一场空中大战爆发了。由于双方的目标都是航空母舰，因此都不敢恋战。双方一直保持队形，继续朝各自的目标飞去。后来，日机再也受不了这个引诱，当即出列抢占高度优势。美机也毫不示弱，迅速投入空战。日机首先击落由"企业"号起飞的 3 架战斗机，击伤 1 架，然后转向鱼雷机，再次击落 3 架美机。日机也遭受伤亡，有 4 架战机殒命。由于双方肩负着重大使命，因此很快脱离了厮杀，各自奔向更大的猎物。

日军空中攻击群出发较早，首先抵达攻击目标。8 时 40 分，美舰收到有日军飞机接近的报告，但雷达兵对在同一方位上的目标，难于分清敌友，到 8 时 57 分才辨认明白。金凯德得到雷达核实的报告时，日本的第一批俯冲轰炸机离他已不到 50 海里。迟疑了片刻后，他才派出"野猫"式战斗机去截击敌机。

8 时 59 分，日本轰炸机快速冲来，"企业"号见势不妙，急忙避入雷暴雨中，暂时脱险。而暴露在晴朗处的"大黄蜂"号却成了蜂群般的日机吞噬的猎物。

此时，担任"大黄蜂"号空中战斗巡逻的有 38 架战斗机，均由"企业"号航空母舰引导。引导官是新手，飞机配置得太近、太迟，至 9 时 6 分才进入阵位，当美军战斗机发现日机时，日机已经开始俯冲了。

危急之中，"大黄蜂"号和它的警戒舰只的防空炮火发挥了威力，炮弹在天空中编织出一张密集的火网，日机一架接一架在"网"上碰得粉身碎骨，有的则拖着长长的尾巴栽入海底。但是，日机进攻的势头丝毫没有减弱。9时10分，日军轰炸机开始集中轰炸"大黄蜂"号，一颗炸弹落在飞行甲板附近，另两颗虽然炸歪，却伤了舰身。一架日军飞机被美军炮火击伤后，实施自杀性攻击，故意驾机向烟囱俯冲，笔直地栽倒在飞行甲板上。只听"轰隆"一声巨响，机上所带炸弹一起炸响，舰面上立即爆发出一团惊人的烈焰，灼热的大火和烟云顷刻间吞没了航空母舰。

几分钟后，日军鱼雷机从后方低空掠来，攻击机飞得很低，两枚鱼雷打进"大黄蜂"号主机室，发生爆炸，整个舰身为之一动。电线和消防泵悉遭破坏，海水浸入锅炉舱，主机停车，"大黄蜂"号踯躅一阵，停了下来，随即，舰身开始倾斜。正当它无能为力地漂在海面上时，又一群日军飞机飞过来，肆无忌惮向冒着黑烟的舰身扫射。随即又投下3枚500磅的炸弹。一度威风凛凛的"大黄蜂"号顿时变成一座燃烧的地狱，爆炸声此起彼伏，强大的气浪把舰面的飞机掀翻到大海里。

不到10分钟，"大黄蜂"号淹没在大火中。巡洋舰"诺思安普敦"号立即赶来，拖着"大黄蜂"号以3节的航速逃离战场。

9时30分，继续进行搜索的美轰炸机群终于发现日航空母舰"翔鹤"号和"瑞凤"号。"瑞凤"号因中弹仍在冒烟，"翔鹤"号立即成了主要攻击的对象。

日军的战斗机立即向美机攻击，美军轰炸机被击落2架，其余11架美军轰炸机不顾猛烈的高射炮火，以一列纵队向南云的旗舰俯冲。随着一颗1,000磅的炸弹在舰上爆炸，草鹿顿时觉得舰身抖动。接连又是几下爆炸，飞行甲板上燃起熊熊烈火。

"是不是又一次中途岛战役？"草鹿用颤抖声音向轮机室喊话。

回答是："有4颗炸弹命中左舷飞行甲板，2颗命中尾部升降机附近。飞行甲板被破坏，航速降到21节。"

说话间，"翔鹤"号已经被大火吞没，舰上的大炮也被打哑了。由于舰上装备了先进的火控系统，才没有遭到更大的损失。此时，由于通讯联络系统失灵，草鹿决定把舰队司令部转移到一艘驱逐舰上去。他命令舵手掉头驶出危险区，撤出战斗。此次轰炸，使"翔鹤"号在以后整整9个月内都无法参加战斗。

几百海里外，当海风把天空中的热带雨云赶跑，"企业"号便暴露在光天化日之下，它的好运气也随之烟消雾散了。9时27分，日军从截听到的美军无线电话中，知道还有一艘美军航空母舰在附近海区。43架日本俯冲轰炸机和鱼雷机立即向金凯德的舰队飞去。

　　10 时 2 分，为"企业"号担任警戒的"波特"号驱逐舰，被日军潜艇发射的鱼雷击中，汹涌的海水灌进了两个锅炉舱，另一艘驱逐舰急忙赶去救援，接走舰上的人员后，将其击沉。因而，在日机进攻之前，"企业"号的警戒幕中就少了两艘驱逐舰。10 时 9 分，由 24 架日军轰炸机编成的一个机群飞临"企业"号上空，即"大黄蜂"号遭难后 1 小时，美国在太平洋上的最后一艘航空母舰也遇到与"大黄蜂"号同样的厄运。

　　发现来袭的日机后，为"企业"号护航的战列舰"南达科他"号立即奋起还击，高射炮火将大部分俯冲的日机打得凌空爆炸。但日机仍然不顾死活地冒着炮火，发出刺耳的尖叫，连续不断俯冲攻击，不断投下重磅炸弹。"企业"号像一头发疯的巨鲸左躲右闪。然而，仍有两枚炸弹直接命中"企业"号，一股浓烟从舰首升降机后部冲天而起，随风逐渐扩大，很快笼罩了飞行甲板，舰员伤亡很大。另有一枚炸弹在舰身附近爆炸，毁坏了涡轮机的主轴承。

　　"企业"号消防官兵立即进行抢修，不到 10 分钟，大火便被控制住，机件得到调整，弹洞得到修补。

　　不料，半个小时后，又有 14 架日军鱼雷机冲破美机拦截，低空向"企业"号逼近。这 14 架鱼雷机和刚刚攻击完毕的那 24 架轰炸机，是于 8 时 22 分由日军航空母舰"瑞鹤"号和"翔鹤"号起飞的。按照计划，这两个机群应该协同进行攻击，但轰炸机早到半个小时，没等鱼雷机群到达便投弹了。鱼雷机群在飞抵目标前受到美军战斗机截击，被击落 6 架。

　　这是一次前赴后继的殊死攻击。一架日机在距离海面 150 米的高度上中弹坠毁，余者仍顽强进击，结果又有 4 架中弹起火，剩下的 9 架分成两队，从航空母舰两舷投放鱼雷。

只见9枚鱼雷飞溅着泡沫向"企业"号的左右舷扑来。

身经百战的哈迪森舰长操纵着巨舰灵活地躲闪，成功地进行了躲避，竟未中一雷。正当大家松了一口气之际，突然，在空中的美机飞行员波拉克发现海面上有一条可怕的鱼雷航迹，径直指向距"企业"号不远的警戒驱逐舰"守门人"号。波拉克立即向飞蹿的鱼雷开火，企图摧毁这枚鱼雷。但为时已晚，"守门人"号被鱼雷击中，很快就沉没了。

波涛滚滚，硝烟弥漫，一场海空大战，杀得难解难分。

危机还未过去，不到100海里处，还有一大群日本轰炸机和战斗机正在迅速逼近。这是从近藤的先头部队中唯一的一艘航空母舰"隼鹰"号起飞的攻击队，包括17架俯冲轰炸机，由袭击珍珠港时建立功勋的志贺淑雄大尉率领12架战斗机护航。骄阳当空，海面上翻滚的白浪清晰可见。11时20分，志贺淑雄发现一艘大型航空母舰。这艘航空母舰像"嘴里叼着根骨头"一样，不死不活，缓慢地前进。这就是受伤正逃离战场的"企业"号航空母舰。此时，这艘历尽磨难的巨舰对已经来临的危险浑然不觉。

顷刻间，一场大战又开始了。日机冒着高射炮火网向"企业"号俯冲。高射炮不断在四周开花。日机一而再，再而三地翻筋斗，不断降低高度。"企业"号成功地避开了日机攻击，仅被命中一弹。

数架日机又蜂拥扑向战列舰"南达科他"号和巡洋舰"圣胡安"号。两舰各中一弹。"企业"号趁乱夺路逃走，退出了战场。

激战之后，海空出现了短时间的沉寂。日本航空母舰"翔鹤"号与"瑞凤"号中弹最多，失去战斗力。美军航空母舰"大黄蜂"号与"企业"号也遍体鳞伤。

中午时分，近藤命令没有受伤的日军航空母舰"隼鹰"号和"瑞鹤"号继续南下，追击美舰。13 时 15 分，"隼鹰"号派出 15 架飞机进行搜索和攻击，正遇上美巡洋舰"诺思安普敦"号拖着"大黄蜂"号在慢悠悠地撤退。6 架鱼雷机立即贴着水面飞去。"诺思安普敦"号巡洋舰长一见情形危急，下令砍断拖索，满舵转向，闪避鱼雷。这样，"大黄蜂"号被孤零零地扔在一边，几乎一动不动地呆在水面，成为日机攻击的靶子。

日机连续投弹，一枚鱼雷击中"大黄蜂"号右船舰身。火光一闪，接着是咝咝声，紧接着传来闷雷一样的响声。"大黄蜂"号甲板立即裂开了大口子，燃料油像喷泉一样涌了出来，水兵们沿倾斜的甲板滑入海中。右舷倾斜很快，后部轮机室开始进水。舰长只好下达了弃舰命令。

这时，6 架日军战斗机和 4 架轰炸机对"大黄蜂"号进行最后一次攻击。它们在美国水兵抢着离舰时，又成功地在"大黄蜂"号飞行甲板上命中一弹。

"大黄蜂"号已经不可救药，美驱逐舰"麦斯廷"号与"安施森"号发射了 16 枚鱼雷，以加速其沉没。16 枚鱼雷中共有 9 枚命中航空母舰，但"大黄蜂"号仍然漂浮在水面上。此时，日军的"瑞鹤"号"隼鹰"号正迅速从后面逼近，形势万分危急，美舰又匆忙向"大黄蜂"号发炮。至此，"大黄蜂"号庞大的舰体已百孔千疮，但它仍然倔强的不肯入水。40 分钟后，日军前卫群到达，见已无法拖带，又加射了 4 枚鱼雷。

10 月 27 日凌晨 35 分，这艘曾经首次轰炸东京的航空母舰沉入海底。

27 日下午，山本发来电报，命令舰队全部撤回特鲁克岛。

根据飞行员及乘员的报告，南云和草鹿估计，最少打沉美军的 2 艘巡洋舰、1 艘驱逐舰、3 艘航空母舰。

中途岛战役的仇算是报了，日本海军暂时取得了瓜达尔卡纳尔周围的制海权。

山本得知战果后，非常高兴，无法入睡，乘着月色在"大和"号的甲板上来回踱步，为取得的胜利而欢欣鼓舞。

裕仁天皇非常重视这次胜利，特意给山本发来敕令，表彰联合舰队的"勇敢战斗"。在把敕令交给海军军令部总长永野时，天皇说："敕令后一部分是我本人关于瓜达尔卡纳尔战斗的祝愿。那里，日美两军正在激战，另外，对帝国海军来说是一个重要基地。希望我军能尽快夺回该岛。"

实际上，日军为这一胜利付出的代价是昂贵的。日本人只击沉击伤美航空母舰各 1 艘，击沉美驱逐舰 2 艘，轻伤美战列舰、巡洋舰和驱逐舰 1 艘，击毁美机 74 架。但同时，日本人有 2 艘航空母舰、1 艘巡洋舰受重创，而飞机的损失高达 92 架。这些训练有素、实战经验丰富的飞行员，是短时间内难以补充的。最重要的是，经此一战，日本大本营精心制订的陆海空联合进攻并占领瓜岛的计划再次流产了。

美军虽然在海战受到损失，尼米兹仍然感到一些安慰。瓜岛上的陆军士兵和海军陆战队员挫败了日军进攻，亨德森机场仍在美军手中。尼米兹给范德格里夫特发去一封嘉奖电：

收到你们在岛上的战斗捷报，我们大家感到欢欣鼓舞。谨向前线的陆战队员及固守阵地并反攻夺回防线的陆军部队，表示衷心的感谢。我们相信，只要你们团结一致，一定能打败敌人，取得作战的最后胜利。

No.2 决一死战：双方齐增兵

日本大本营对瓜岛的战局喜忧交加。一方面，第2师团的攻击失败了，另一方面，海军却取得了胜利。大本营经过分析，认为"再努把力"可以扭转战局。增强第17军的兵力，尤其增强炮兵兵力，并且把这些兵力有组织地加以集中使用，就可以扭转战局。

10月27日，大本营作出如下决定：

一、10月28日下令，尽快将自法属印度支那运往关岛的独立混成第21旅团运抵拉包尔，编入第17军属下。

二、督促已于10月20日下令编入第17军的第51师团，尽快从中国华南运出。

三、火速给第17军增加其他必要的兵力和物资。

根据大本营的指示，在瓜岛前线的第17军团司令官百武重新拟定作战计划。该计划的要点如下：

一、第38师团主力将于11月上旬，第51师团将于12月上、中旬上岛。

二、第6师团将以1个精锐团乘装甲输送舰在瓜岛直接实施敌前登陆。

三、独守混成第21旅团将另外开辟进攻路线。

四、第三次总攻定于12月中下旬实施。

瓜岛战役处于关键时刻，哈尔西决定亲自去瓜岛视察。在岛上举行的记者招待会上，哈尔西信心十足地说："我们会消灭日本人，消灭日本人，不断地打击日本鬼子！"

一个结结巴巴的记者问他："你认为日军还能支撑多少时间？"

"这个问题很好回答。"哈尔西显然有些激动了，"我们把岛上的日本人全部消灭，他们也就支撑不住了。"

"您能不能……给我一个明确的……答复？"

"那么，你认为他们能支撑多久呢？"

记者反倒被机智的将军问得哑口无言。

简短的视察结束，哈尔西一行人飞回努美阿。途中，哈尔西在埃法特岛短暂停留，视察了基地医院，慰问瓜岛作战受伤的士兵们。

哈尔西亲临前线视察慰问的消息不胫而走，很快传遍南太平洋各条战线。官兵们无不欢欣鼓舞，大家都觉得心里踏实了许多。一位记者在战地报道中写道：

强将手下无弱兵，由"蛮牛"中将统帅南太平洋战区，我们不打胜仗才是怪事呢？他给士兵的不仅仅是勇气，更重要的，是一种一往无前的必胜信念。

由于没有掌握瓜岛地区的制空权，第17军团只好用战斗舰只利用暗夜往瓜岛输送援兵与给养。从11月2日至10日，日军派出驱逐舰队65艘次和巡洋舰2艘次对瓜岛进行增援。然而前送的兵员仍然有限，而且又缺乏重型装备。10月26日，具有火力优势的美海军陆战第1师开始乘胜组织反击。岛上的日军官兵，因连续苦战，减员甚多，给养不足，疾病缠身，莫说发动攻势，就是手中的阵地也难以保持。

鉴于这种情况，日军决定，在11月10日前后，尽速组织一支较大的增援编队，将第38师团约1.4万人及所需重型装备一次性送上瓜岛。11月上旬，山本制定了详细的计划，将任务交给田中少将指挥。同时，增援群护航的是一支庞大的舰队：海军中将近藤指挥的先遣队，拥有轻型航空母舰"隼鹰"号、"飞鹰"号，战列舰"比睿"号、"雾岛"号、"榛名"号、"金刚"号以及11艘巡洋舰、42艘驱逐舰。三川指挥第8舰队，统一指挥支援群和增援群这两支舰队。此外，草鹿中将指挥的岸基航空兵和小松中将指挥的潜艇部队也进入临战状态。

山本计划是：田中率增援群运载登陆部队和补给品于11月14日抵达瓜岛。在田中登陆之前，将由阿部中将的突击群于12至13日夜间对亨德森机场进行毁灭性炮击，为登陆日军打开通道。整个舰队负责海空支援，一鼓作气拿下机场之后，进而占领整个瓜岛。

至11月上旬，美军登上瓜岛已3个月，虽竭力封锁其附近海域，但效果不佳，不仅未能切断日军的补给与增援，而且己方补给舰队的航行安全也难以确保。面对这种局势，美国当局深感不安，美国统帅部甚至有人主张撤离瓜岛。瓜岛战局引起了罗斯福总统的再次关注，在听取了全面情况后，罗斯福作了一个大胆的决定：将瓜岛之战进行到底！于是，在总统的亲自过问下，除增派最新的巡洋舰、驱逐舰和潜艇外，还从夏威夷和澳大利亚等地抽调了一部分轰炸机和战斗机，加强南太平洋的部队。

为了把调集的部队、武器装备和军需物资送上瓜岛，哈尔西也于这时组织了一支增援编队。这支增援编队分为A组和B组，由特纳统一指挥，共载运6,000余名陆军部队和海

▲ 盟军中澳大利亚空军的战机。

军陆战队以及部分装备。A组编有3艘登陆兵运输舰，以1艘巡洋舰和4艘驱逐舰担任护航，由斯科特海军少将率领，11月9日从圣埃斯皮里图岛出发，拟于11日到达瓜岛。B组编有4艘运输舰，以4艘巡洋舰和8艘驱逐舰担任护航，由卡拉汉海军少将率领，11月8日从努美阿出航，拟于12日晨抵达瓜岛。

此时，美军已经获悉：在特鲁克、拉包尔、肖特兰等地，日军舰船活动频繁，正在集结，很可能也将大举增援。能否保证己方增援成功，并阻止日军进行大规模增援，美军对此甚为担心。因此，哈尔西派遣金凯德少将率领第16特混编队，李海军少将率领第64特混编队，进至瓜岛以南海域作战。

日、美双方几乎在同一时间，都向相同地区派出了强大的海上部队。于是，自11月12日至15日便在瓜岛以北海域，此伏彼起地展开了多次激烈的交战。

No.3 穿梭式轰炸大竞赛

就在美军向瓜岛增兵之际，潜伏的澳洲海岸的情报人员发出警报："日本大规模舰队正在迫近！"哈尔西闻讯后，立即紧张起来。他的运输舰群正在前往瓜达尔卡纳尔途中，能否安全卸载？能否阻止日军大批增援部队登陆？吉凶难测。再有，他没有一艘可以使用的航空母舰。现在，他能指望的只有2艘战列舰。

为应付危局，哈尔西下令把"企业"号航空母舰从努美阿的船坞中拖出来。"企业"

号受伤后，根本没有时间把它送回珍珠港去修理，只是就地进行了简单的修补。此时，"企业"号的前升降机仍未修好，"南达科他"号战列舰还有一个炮塔不能转动。哈尔西管不了这么多了，他匆忙组成一支舰队迎战日军。这支舰队，除"南达科他"号战列舰外，还有"华盛顿"号战列舰，1艘重型和1艘轻型巡洋舰以及8艘驱逐舰。11月11日，满身伤疤的"企业"号航空母舰载着仍在争分夺秒地进行抢修的机械师、技师和海军工程兵，艰难地起航了，随同舰队其他舰只由努美阿向北急驶。

就在此时，由斯考特指挥的第一批增援船队已经驶近瓜达尔卡纳尔，被日军舰载飞机发现了。12日天明时，特纳的3艘货船正在隆加湾抛锚时，立即遭到了从日本航空母舰"飞鹰"号起飞的12架飞机的轰炸。由于美军的海岸观察哨和雷达发出了早期警报，高射炮做好了射击准备，因而损失不大，日军飞机大部分被击落，美军只有1艘货船受伤。

由特纳指挥的第二批增援船队和卡拉汉指挥的支援群，途中也被日军发现。当他们在11月12日凌晨5时到达隆加湾后，特纳急令快速卸载。在运输舰到达之前，支援群在铁底湾内进行了细致的搜索，以保护运输舰卸载。同时，以巡洋船2艘在一条距运输舰较近的半圆形航线上巡逻，以巡洋舰2艘、驱逐舰11艘和大型扫雷艇2艘进行反潜巡逻。

11月12日，阿部弘毅海军中将指挥的突击部队开始南下朝瓜达尔卡纳尔进发，当天傍晚就开抵萨沃岛以北100海里的地方。

12日上午6时，担任反潜巡逻的美舰发现日军潜艇1艘，距瓜岛隆加角仅6海里，即用深水炸弹进

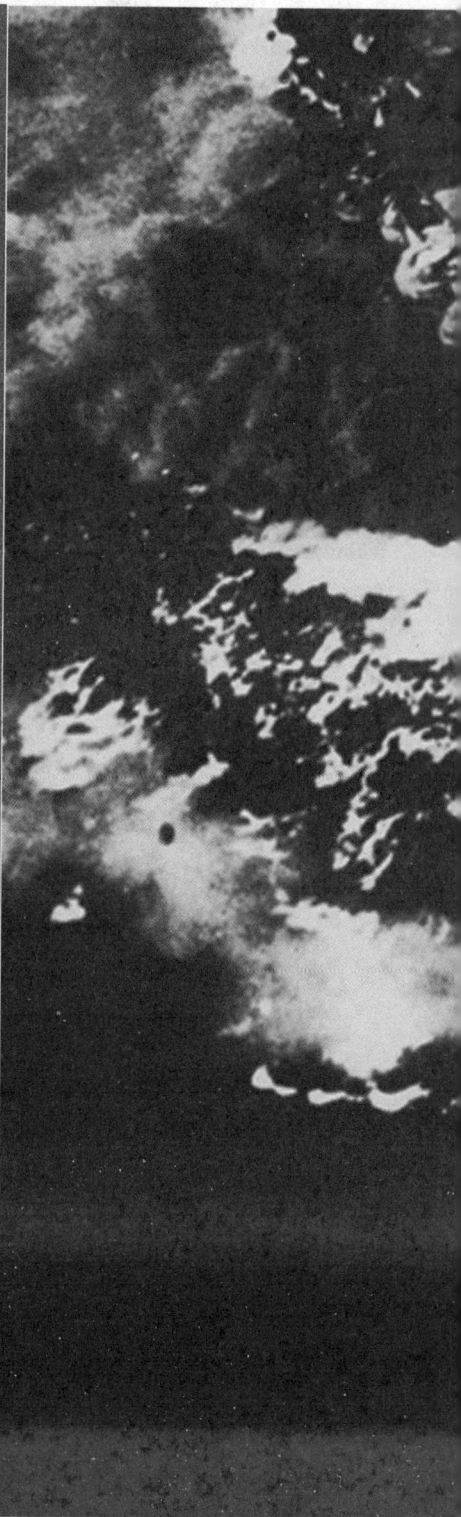

行攻击，没有命中。不久，日军的大口径岸炮也向美军运输舰开火，美军巡洋舰、驱逐舰和陆战队的火炮一齐还击，把它们暂时压制下去。

但到下午1时，令特纳担心的事终于发生了。美海岸观察哨报告："日军轰炸机和战斗机正向瓜达尔卡纳尔岛飞来！"特纳闻讯大惊，立即下令停止卸载，起锚并组成防空队形，4艘运输舰和2艘货船采用并列纵队，在支援群的掩护下，向萨沃岛方向航行。

2点左右，日军鱼雷机发现了美舰，并开始进行攻击。由于亨德森机场的美机及时起飞拦截，美军舰没有受到损伤。11月12日傍晚，特纳获悉一支日本舰队向瓜达尔卡纳尔逼近。于是，他通知担任掩护的卡拉汉说："我运输舰队将撤退，请于当夜重返瓜达尔卡纳尔，狙击在那里出现的日军。"

卡拉汉的资历比斯考特的资历深，所以斯考特和他的旗舰"阿特兰塔"号及2艘驱逐舰，并入了卡拉汉的支援群，因而卡拉汉的阵容得到加强。卡拉汉也采用了斯考特在埃斯帕恩斯角战役中所采用的办法，所有舰只排成一列纵队。4艘驱逐舰"库欣"号、"拉菲"号、"斯特雷特"号、"奥巴朗"号领先，5艘巡洋舰"阿特兰塔"号、"旧金山"号、"波特兰"号、"海伦那"号、"朱诺"号居中；4艘驱逐舰驱"艾伦沃德"号、"巴顿"号、"蒙森"号、"弗列彻"号断后。卡拉汉本人乘坐的是重巡洋舰"旧金山"号。当天22时，护送运输舰队安全返航后，卡拉汉掉转航向，驶回铁底湾。

此时，日本阿部海军中将率领的威力强大的突击群正向南航行，计划经过圣伊萨贝尔岛以东，到萨沃岛以南，向东转向，采取与瓜达尔卡纳尔岛海岸平行的航线，用舰炮轰击亨德森飞机场。这个突击群有两艘排水量为32,156吨、长达180米的战列舰"比睿"号和"雾岛"号，轻巡洋舰"长良"号以及14艘驱逐舰。阿部虽然知道在瓜达尔卡纳尔水域有一支兵力相当的美国舰队，但他认为美军舰队不敢惹他，日落后肯定会撤出铁底湾，加之自己兵力雄厚，美军又不善于夜战，因此，他认为不会遇到大的麻烦。

他万万没有料到，几小时前，美军已经获悉了他的行踪，卡拉汉率领的一支舰队早已在铁底湾里虎视眈眈，严阵以待。

日军舰队行驶到萨沃岛西北海面时，突然下起了大暴雨。阿部又得悉瓜达尔卡纳尔的天气同样不好，他怕铁底湾的能见度太低，不能对岸射击，下令所有船只同时掉头，把时速减至12节。半小时后大雨才停止，阿部重新下令掉转航向，朝萨沃岛航进。当这个小岛的锥形影子出现在前方时，已是深夜过后好久了。远处，瓜岛上的群山依稀可见。岛上的地面观察员来电话说，他们未发现附近有敌舰。于是，阿部决定开始准备炮击。他命令2艘战列舰的所有主要炮台都装上薄壳高爆炮弹。

其实，他们的行踪早就被美军发现了。13日凌晨，美军就发现了日本舰队的踪影。随即将情况进行了通报："左前方发现日舰编队，距离1.3万米，航速23节，航向105度。"此时，两军以40节以上的相对速度迅速接近。5分钟、10分钟过去了，卡拉汉焦急地用通信装置呼叫提供新的情况。1时41分，处于美军队形先头的驱逐舰"库欣"号上的观察哨突然发现黑暗中窜出2艘日舰，"库欣"号猛向右转，以避免与敌舰相撞。这一来，整个纵队乱了阵形，后面的舰只跟着急转并拥挤在一起。巡洋舰"阿特兰塔"号猛然急转，在后边的卡拉汉急忙问道："你们干什么？"

"避开自己的军舰。"舰长回答。卡拉汉还想继续询问，但通讯网立即陷入混乱。

在此关键时刻，阿部对即将临头的大祸一无所知。1时42分，日机在亨德森机场投下照明弹，排成三列的日舰正欲开炮。突然，望哨发现了美军舰队。

刹那间，紧急通报立即传遍整个日本舰队。阿部大吃一惊，急令炮手填换装甲弹。他的战列舰甲板上堆放着准备轰炸瓜岛机场的高爆炸弹，倘若落下一颗炮弹，就会将整艘舰只炸毁。舰上全部人员紧急出动，向库房里搬运甲板上堆起的高爆炮弹。黑暗中一片混乱，每一分钟都好像很长似的，日本水兵狂乱地卸下高爆炸弹又改装上穿甲弹，匆忙做好应战准备。美舰由于紧急转向，正处于混乱之中。当卡拉汉了解情况后，下达对日舰攻击的命令时，处于攻击位置的日军2艘驱逐舰已驶入黑暗中溜掉了。

先发制人的宝贵的8分钟丧失了。

"阿特兰塔"号高出其他舰只，首先被日舰的探照灯照射到。"阿特兰塔"号的枪炮长立即下令开火，打掉了日舰的探照灯。当它准备向其他日舰射击时，却遭到对方的集中射击。卡拉汉率领的其他舰只已经来不及规避，只好冒险率舰从日军舰队中间冲击前进，在钢铁和火焰的长廊中穿插而过。

忙乱之中，卡拉汉发出一道命令："奇数舰向右侧射击，偶数舰向左侧射击。"

这一命令使美舰队陷入混乱。有些船只在指定的舷侧射击不到目标，而且由于舰炮口径参差不齐，致使两侧火力极不均衡，各舰不管看见什么就立刻开炮。

趁美舰队发生混乱之际，日舰马上发射鱼雷，进行攻击。混乱中，美巡洋舰"阿特兰塔"号首先遭难，一枚鱼雷击中舰体，强大的气流几乎把它抬出水面。顷刻间，这艘巡洋舰停了下来，主机损坏，舵机失灵，只能在原地打转。随即，其他日舰一起朝它射击，舰上腾起冲天的大火球。正在该舰的斯考特少将被流弹击中，顿时丧命，他的参谋人员以及多名舰员被炸得血肉横飞。"阿特兰塔"号彻底丧失战斗力并开始下沉。

由于混乱不堪，双方在近距离内纠缠在一起，打了一场混战。双方在狭窄的海峡里回旋追逐，倾尽全力开炮射击和施放鱼雷。开战仅仅几分钟，连续炮击的火光和舰只焚烧的火焰就使黑夜变成了白昼。

处于纵队前面的4艘美驱逐舰扑向庞然大物"比睿"号，发动了殊死进攻。驱逐舰"库欣"号向在右侧的日军驱逐舰发射几次齐射后，在两分秒内，舰体中部即被日舰发射的炮弹命中，管道损坏，航速降低。当它缓慢地航行时，在左侧发现日军战列舰"比睿"号正向自己驶来，距离不到半海里。"库欣"号即向左转，对"比睿"号连发6枚鱼雷，可惜无一命中。当它赶上前去正欲再行攻击时，不幸被一道探照灯光罩住，顷刻间，炮火铺天盖地而来，不到一分钟，"库欣"就被打得千疮百孔，一命呜呼了。

紧跟在"库欣"号后面的美驱逐舰"拉菲"号，眼睁睁地看着"库欣"中弹起火，便迅速地赶上前去，准备抵近"比睿"号发射鱼雷。但因速度过快，几乎撞在一起。鱼雷保险装置还没有打开就被"比睿"号坚固的船舷弹了回来。无奈之下，"拉菲"号立即用机关炮进行射击，不料却被"比睿"号的大口径炮弹和一枚鱼雷击中。"拉菲"号打"虎"不成反被伤害，起火爆炸后很快就沉没了。

"斯特雷特"号是个奇数舰，按命令向右侧射击，它向距离最近的1艘日舰开火。但却遭到猛烈还击，3分钟后，"斯特雷特"号连续两次被命中，船舷和雷达均遭损坏。

队列中最后一艘驱逐舰"奥巴朗"号，先向开探照灯的日舰齐射，接着又向"比睿"号猛烈开火。为了避开中弹操纵失灵的"斯特雷特"号，"奥巴朗"号后来又把火力转移到一艘小型巡洋舰，仅两次齐射，目标就发生了大火。

此时，却传来卡拉汉的命令："停止向自己的军舰开火！"

"奥巴朗"号莫名其妙，立刻停止了射击。

原来，在黑暗中美舰误击了早已中弹多处的巡洋舰"阿特兰塔"号。卡拉汉发现后立即进行了制止。

"我们要抓大的！"卡拉汉对其他舰只喊道，"找大家伙打，那准不是我们的！"

"奥巴朗"号立即转向，对着不远处的"比睿"号连发两枚鱼雷，都没有命中。因为距离太近，"比睿"号的主炮受俯角限制，不能还击。当"奥巴朗"号向左转向，避开正在沉没的"拉菲"号时，在舰首方向突然出现几条鱼雷航迹。"奥巴朗"号还没有来得及躲闪，水下便发出巨大的爆炸声，"奥巴朗"号上的电线和管道都被震断了。

此时，美军舰队旗舰"旧金山"号正被几艘日舰团团围住，情况危机。"雾岛"号大口径炮随即开炮射击。在右后方的一艘日舰也用探照灯照射它并射击。一艘日军驱逐舰从左侧绕过，对"旧金山"号直接扫射。成排的炮弹落在甲板上、舰桥上、瞭望台上，正在舰桥指挥作战的舰队司令卡拉汉当即中弹身亡。

铁底湾恶战才十几分钟，美军两位久经风霜的舰队指挥官——斯考特海军少将和卡拉汉海军少将就战死沙场，这在以往的海战中还是罕见的。

恶战只打了半小时不到，但海峡已是一片火海。在美舰的攻击下，日舰也气喘吁吁，渐无招架之功了。混战到最后，日方损失也相当惨重，"比睿"号中弹50余发，舵机和通讯系统损坏，已无射击能力。驱逐舰"晓"号和"夕立"号被击沉，另有1艘驱逐舰遭重创，其他各舰都有不同程度的损伤。

坐镇"比睿"号指挥恶战的阿部，因为一交战就遭到美舰没头没脑的射击，对战斗的实际进展稀里糊涂，双方仅交战10分钟，大部分鱼雷已经用完。阿部匆忙命令"比睿"号、"雾岛"号转向北撤，放弃了原定的炮击亨德森机场的计划。

这正是美军所渴望的，而对日本人来说，这是一个不吉利的开端。山本精心制订的作战计划刚刚开始就遭到挫折。当山本获知阿部败退下来之后，大为恼火，当场在电话里狠狠地大骂了他一顿。此后两天，日本人又连遭惨败，山本把罪责都归在阿部身上，责怪他没有按照原计划炮击瓜岛机场。盛怒之中，先将阿部撤职，次年3月又将阿部作退休处理。

尽管阿部出师不利，山本仍没有改变作战计划。在阿部仓皇回撤之际，山本已经派出了由海军中将三川率领的一支由4艘重巡洋舰、2艘轻巡洋舰和6艘驱逐舰的舰队，组成一支新的"东京快车"，从肖特兰岛出航，奉命前往炮击亨德森机场，完成阿部没有完成的使命。同时，由两艘重巡洋舰和1艘轻巡洋舰以及9艘驱逐舰，与阿部突击群中没有受伤的战列舰"雾岛"号，轻巡洋舰"长良"号等编在一起，组成一支援舰队。由轻型航空母舰"隼鹰"号和"飞鹰"号以及战列舰"金刚"号、"榛名"号、重巡洋舰"利根"号组成的编队，为田中的增援群提供空中掩护。

日本人卷土重来，瓜岛的紧张局势日甚一日。哈尔西获悉情况后，立即在13日黄昏电令金凯德，要他火速派出由海军少将威利斯·李指挥的第64特混编队赶赴瓜岛，支援在那里作战的美军，阻截日军舰队。此时，第64特混舰队正在350海里以外，最快也得到14日天亮才能抵达瓜达尔卡纳尔海域。

相反，三川的"东京快车"却劈波斩浪，直下铁底湾，于13日午夜时分到达萨沃岛附近。饱受劫难的亨德森机场又面临着一场严峻考验。日军炮击分队的2艘重巡洋舰在隆加角附近开始射击。顷刻间，海面上炮声隆隆，机场上火光闪闪。炮击持续半个多小时，亨德森机场几乎被犁了一遍。停在飞机场上的美军飞机炸毁18架，受伤32架。

日本舰队深夜炮击亨德森机场，远在万里之外的华盛顿首脑们获悉消息后，如坐针毡。

不久，他们又收到日本增援舰队浩浩荡荡杀向瓜达尔卡纳尔，而美军却没有任何水面舰只进行截击的消息。瓜达尔卡纳尔美军处于岌岌可危的境地，华盛顿的气氛紧张起来。美海军部长诺克斯回忆说："只有在诺曼底登陆的前夜，华盛顿普遍感觉到的紧张情绪能够与这次相比。"

前线的形势瞬息万变，就在华盛顿焦急之际，11月14日拂晓，美军侦察机发现正在撤退途中的三川的支援群。惨遭日舰炮击的亨德森机场官兵立即群情激奋，报仇的时刻终于来到了！

随即，6架鱼雷机、7架轰炸机和7架战斗机，从弹坑遍地的机场艰难起飞。8点左右，机群到达三川舰队的上空，立即展开勇猛攻击。经过两个小时的轰炸，击伤1艘重巡洋舰。10时15分，美机全部返航。14日黎明时，三川的舰队又被"企业"号航空母舰起飞的侦察机发现，再次遭到攻击。

现在该轮到三川倒霉了。早已受伤进水的"衣笠"号此时又中弹起火。该舰在多次"东京快车"的袭击中大难不死，而今气数已尽，数分钟内就倾覆沉没了。重巡洋舰"鸟海"号、轻巡洋舰"五十铃"号和1艘驱逐舰都遭到美机轮番轰炸，伤势很重。

三川舰队像是一群被驱赶的鸭子，失魂落魄地逃回肖特兰基地。

14日清晨，从亨德森机场起飞的一架侦察机又发现了一个极为诱人的目标：田中的增援群。瓜岛的范德格里夫特，早就在等待着他们。当侦察机将日本运输舰队的位置报告给他后，"仙人掌航空队"的飞行员顿时欢呼雀跃，大声喊叫道："中了头彩啦！"

谁都清楚，在光天化日之下冲进攻击半径之内的日舰，意味着毁灭。

美机全力以赴，矛头直指田中。

一场穿梭式的轰炸大竞赛开始了。

11时，7架鱼雷机、18架轰炸机，在12架战斗机的掩护下，飞临田中的头顶，护航舰队拉响刺耳的防空警报。碧蓝碧蓝的天空尽头，犹如海洋一样广阔，一大群美机珍珠鱼般游动过来，突然抖动着翅膀从高空俯冲下来，变成凶恶的鹰隼，张牙舞爪地扑向猎物。日驱逐舰以猛烈的炮火射击美机，继续高速向前突进。天空中开满了死亡的花朵，几架美机相继中弹失控，爆炸成一团黑色的云朵，拖着浓烟滑向海面……

12时45分，27架美机怒潮一般滚滚而来，对日舰进行第二波攻击。天空万里无云，狭窄的海面一目了然，日舰编队无处躲藏，田中欲罢不能，只得抖擞起精神拼死抵抗。好在他的防空炮火卓有成效，美轰炸机投弹命中率低得出奇，只是轻伤1艘运输舰。田中一直向前猛打猛冲，增援群在水柱和爆炸声中，继续沿着海峡向瓜岛高速挺进。

下午 1 时 45 分，30 架"劫掠者"式轰炸机迎头堵住田中的去路，翻飞的美机乌鸦般布满海峡上空，不管不顾地穿过高射炮火网，长驱直入运输舰队。炸弹像鸟儿下蛋一般落下来，美国人一口气炸沉了 2 艘运输舰，海面上漂满日军士兵的尸体。

2 时 30 分，从圣埃斯皮里图岛起飞的 15 架"空中堡垒"式轰炸机，对日增援群进行第四波攻击。美国人从 4,500 米的高度投下 15 吨炸弹，再次重创 2 艘日运输舰。从亨德森机场返回的美战斗机，咬住日战斗机奋力厮杀，一举击落 6 架日机。

3 时 30 分，从七彩的阳光中，突然蹿出一串带星条旗标志的飞机，它们蛇一般地爬下高空，放下襟翼减速滑翔。从"企业"号航空母舰飞来的 7 架"无畏"式俯冲轰炸机，对日增援群进行第六波攻击，又有 2 艘日运输舰中弹起火，葬身海底。

整整一个白天，通往瓜岛的海峡空袭不断，天翻地覆，美机凭借亨德森机场为基地，穿梭般地补充弹药来回轰炸。日运输舰队步履维艰，饱尝无数颗炸弹。黄昏时，掩护运输舰队的日战斗机损失过半，无力苦战，但田中至死不退。好在夜色降临，淹没了舰队的行踪。趁着夜幕掩护，田中让 7 艘驱逐舰靠拢燃烧的运输舰，救援落水的陆军士兵和水兵，自己率 4 艘驱逐舰，掩护残余的 4 艘运输舰，在夜色之中驶进"铁底湾"，英勇悲壮地靠近瓜岛。

美军成功地进行 8 轮空中打击，炸沉日运输舰 6 艘，炸瘫 1 艘。日增援群溃不成军。海面上，夕阳像个淬火的大火球，将天边滚滚的波涛染成红色，残余的运输舰大火熊熊，浓烟滚滚，士兵烧黑的尸体随着波浪载沉载浮，鲜血把附近的海水都染成了红色。

就在田中增援群惨遭轰炸之际，当晚，在凶险的铁底湾水城内，日美舰队展开了另一场殊死血战。

近藤亲自率领战列舰"雾岛"号、重巡洋舰队"爱富"号、"高维"号、轻巡洋舰"川内"号、"长良"号和 8 艘驱逐舰组成的突击群，沿所罗门群岛海峡南下。近藤的企图是：驶向瓜岛，炮击亨德森机场，完成阿部没有完成的任务，同时掩护田中的增援群。

然而，这一次日军的对手将是第 64 特遣编队的 2 艘战列舰和 4 艘驱逐舰，美海军少将威利斯·李正在瓜达尔卡纳尔西南 100 海里的洋面上巡航，择机而动。他自 13 日晚与金凯德编队分手后，兼程赶赴瓜达尔卡纳尔海域。

近藤挥戈南下，李也破浪北上，一场钢铁巨舰的碰撞已在所难免，迫在眉睫。

14 日傍晚，李率领舰队已经到达瓜达尔卡纳尔约 9 海里的水域。深夜 21 时，舰队到达萨沃岛，没有发现日舰，只在西面水平线上看见日军运输舰燃烧的火光。舰队准备进入铁底湾。21 时 48 分，望哨已经看见了瓜岛山头的暗影，可就是没有日舰队的踪影。

李少将在铁底湾里直等得两眼冒火，他亟待日军舰队的信报。但因仓促出航，没有规定好无线电呼号。他试图与瓜达尔卡纳尔电台联系，得到的回答是："我们不认识你！"李灵机一动，计上心来。原来他与瓜岛上的范德格里夫特是英国海军学校的同学，在海军学校时，同学们给李取了一个中国名字，叫'李察'，他便以这个绰号与瓜达尔卡纳尔上的电台联系，果然奏效。

可惜的是，范德格里夫特也没有最新的情报。

日本舰队到底在哪儿呢？

就在李为搜索不到日舰编队而焦虑万分的时候，近藤却发现了他。担任远距离警戒的日轻巡洋舰"川内"号，错把美战列舰报成巡洋舰，首先报告发现"敌巡洋舰2艘和驱逐舰4艘"在萨沃岛以北向铁底湾内航行。指挥官桥本源立即命令驱逐舰"绫波"和"浦波"号经过萨沃岛西侧向该岛以南海区侦察，自己率领轻巡洋舰"川内"号和驱逐舰"敷波"号进行追击。

近藤接到"川内"的报告后，立即下达攻击命令。他把本村指挥的近距离警戒舰只分成两队，一艘由轻巡洋舰"长良"号和4艘驱逐舰编成，担任前卫。另一队由驱逐舰"胡云"号和"出月"号编成。近藤把14艘军舰分成四路，散布在10平方海里的海区，采用分散配置的战斗队形，迅速向美舰接近。

形势异常危急，李尚蒙在鼓里。

23时，战列舰"华盛顿"号的雷达首先发现了日军轻巡洋舰"川内"号。美战列舰"华盛顿"号和"南达科他"号随即开炮。"川内"号深知不是对手，立即施放烟幕，与驱逐舰"浦波"号一起掉头，向北高速逃跑。

5分钟后，夜战大规模展开了。

美舰纵队先头驱逐舰"沃尔克"号上的雷达首先发现从南面进攻的日舰，对后面跟进的友舰发出通报：

"两艘日驱逐舰正沿萨沃岛南端朝我们袭来！"

美舰上的大炮立即怒吼起来，第二艘驱逐舰"本哈姆"号和第三艘驱逐舰"普雷斯顿"号，紧跟着发现目标，立即开火。日驱逐舰"绞波"号和"浦波"号，本想摸到美舰跟前奇袭，却没头没脑地挨了一顿猛揍。它们拼死力战，就势吸引住美舰的注意力，让身后的前卫群偷袭得手。3艘美驱逐舰猛击"绫波"号，日舰身中数弹仍不退却。本村并不急于救援起火的"绫波"号，他的5艘战舰一字排开，利用萨沃岛山脉的阴影作掩蔽，暗暗向正在围剿2艘日舰的美舰冲来。美舰纵队第四艘驱逐舰"格温"号发现5艘日舰偷袭，单枪匹马高速插上，奋不顾身地迎击日轻巡洋舰"长良"号。7艘日舰围攻4艘美舰，形势顿时大变。

大炮的火光在夜幕里闪烁，剧烈的爆炸震荡海空。轻巡洋舰"长良"号集中火力阻击猛冲上来的美舰，几排齐射过后，"格温"号吃了两颗炮弹，一弹击中主机舱，引起震耳欲聋的大爆炸，另一颗炮弹击中舰尾，炸毁舵机，整个舰面燃起熊熊大火。

"长良"号打瘫"格温"号后，掉转炮口轰击其他美驱逐舰。带队的本村下令驱逐舰进行鱼雷攻击。美驱逐舰"沃尔克"号正欲击沉苦苦挣扎的"绫波"号，冷不防背后一阵弹雨袭来，受到日舰的前后夹击。"沃尔克"号力不能支，由纵队左侧转向退出队列，被1枚飞窜而来的鱼雷击个正着，舰体发生大爆炸，支离破碎地沉入海底。

美纵队第三艘驱逐舰"普雷斯顿"号及时躲过日舰的鱼雷，企图掉转炮口射击，却被日方炮火裹住，两个锅炉舱全部炸毁，烟囱倒塌。舰长奋起指挥舰炮拼死抵抗，大声下令发射鱼雷，两排炮弹呼啸着落在身边，舰长当场阵亡，该舰失去了还手之力。

站在旗舰舰桥上的李，看到这一切，勃然大怒，率领"华盛顿"号一马当先。日舰见对手来势凶猛，自知不是对手，"长良"号率先掉头撤退，5艘日驱逐舰抱头鼠窜。遭到重创的"绫波"号落在后面，处于任人宰割境地，正在这时，奇怪的事情发生了，美舰突然停止炮击。原来，"华盛顿"号雷达荧光屏上显示的目标太多，一时不能识别敌舰，枪炮官唯恐误伤己方舰艇，暂时停止射击。李暴跳如雷，抓起无线电话斥责"南达科他"号舰长："为什么还不开火？""雷达电路发生故障！"舰长回答道。"眼睛是干什么的，日本人看得见，我们也能看得见！""将军，我怕误伤自己人……""少废话，我要你开炮，狠狠揍他们！"李不由分说，要"南达科他"号立即打开战斗识别灯，寻找射击目标。

海战刚一交手，日本人即击沉美驱逐舰2艘，重创2艘，自己仅被击伤1艘驱逐舰，给美国人一个"见面礼"。更为可悲的是，由于近藤分兵进击，炮弹四处开花，美舰炮手如同坠入迷雾之中，到日舰退去时，美舰还没有发射1枚鱼雷。许多炮手还以为朝他们射击的是瓜达尔卡纳尔岛上敌军的岸炮。

23时48分，美驱逐舰打开战斗识别灯，李见残存的两艘驱逐舰伤痕累累，干脆让它们退出战斗，自己率2艘战列舰，追击退却的6艘日舰。"南达科他"号舰长挨了一顿臭骂，求战心切，迅猛地向北冲去，为躲避1艘燃烧的驱逐舰，差一点闯进日舰队列中。立即遭到日舰围攻。鱼雷呼啸着蹿出水面，射向"南达科他"号，所幸巨舰正在转舵绕过燃烧的驱逐舰，鱼雷全部打偏。

"南达科他"号大难不死，但它仍未排除电路故障，雷达影像混乱不堪，舰长只能凭着感觉追击敌人，再次陷入日军的火力包围困。5艘日舰一齐猛轰"南达科他"号，重磅炮弹纷纷落下，炸起簇簇夺目的火焰。"南达科他"号苦苦支撑几分钟，失去了还手能力，幸好"华盛顿"号及时赶来支援。"雾岛"号正全神贯注地攻击"南达科他"号，没防备"华盛顿"号从斜次里杀来甲板上四处开花，钢铁的碎片和血肉模糊的肢体飞上天空，爆炸此起彼伏。

近藤一时摸不清头脑，到底是哪儿打来的炮弹。此时，舰只的上层建筑已经烈焰翻滚。舰长惊慌地跑上舰桥报告：炮手大部分阵亡，舵机炸毁，舰身在水面打转。近藤要求舰长放慢航速，改用发动机操舵。

日重巡洋舰"爱宕"号、"高雄"号见旗舰受到围攻，立即放弃追击狼狈逃跑的"南达科他"号，掉转炮口射击"华盛顿"号。

美旗舰大显神威，独自大战3艘日舰，日舰非但占不着便宜，反而身中数弹，焦头烂额。

15日凌晨1时22分，田中增援近藤的3艘驱逐舰赶来，加入战斗。李将军发现日本人的生力军赶来，唯恐他们攻击岌岌可危的"南达科他"号，所以主动转向迎击日增援舰只。

李这一举动迷惑住了近藤。

近藤将司令部从大火熊熊的"雾岛"号转移"爱宕"号上，他看到"华盛顿"号向西北驶去，以为美国人发现田中隐蔽的位置，进攻运输舰队去了，当即率领舰队高速追击。近藤命令舰队务必抢到前面保护运输舰队，等他回过头来准备阻击"华盛顿"号时，美国人却已不知去向了。近藤搜索半天没找到"华盛顿"号，误以为对方大败而逃。

此时，已经接近凌晨，近藤生怕天亮遭到从瓜岛机场起飞的美机的轰炸，考虑再三，遂放弃炮击亨德森机场的打算，只派田中增援他的3艘驱逐舰追击美舰，自己率领9艘战舰撤退。近藤犯了一个大错误。他不但留下3艘受伤的战舰，也抛弃了田中的运输舰，使山本精心设计的战役彻底失败。如果近藤破釜沉舟，不惜牺牲炸平机场，保证增援部队安全登陆，那么南太平洋战区的局势可能会是另外一种结局。

15日凌晨1时，"华盛顿"号雷达显示：日军舰队正在退却。李乘胜收兵，掩护"南达科他"号扬长而去。战斗激烈进行之际，日运输舰队一直潜伏在萨沃岛北面海域，按兵不动。田中指望近藤击溃美军舰队，炮击亨德森机场，掩护他的4艘运输舰登陆。当他目睹这场令人绝望的海战后，目瞪口呆，知道无力回天了。尽管美舰也撤退了，运输舰队暂时不会受到威胁，问题是他必须抢在天亮前卸载完登陆部队，仅靠登陆艇把这么多人员和物资运送上岸，时间是无论如何也不够的，天一放亮他就完蛋了！

"实在不行，让运输舰抢滩吧！"参谋长沉重地建议道。

"特鲁克方面能同意么？"田中无可奈何地说。

"我们不能等死，救人要紧。"

"一艘运输舰都没带回去，我怎么再见山本司令长官？"

"干吧，将军，再犹豫就没时间了！"参谋长急了。

万般无奈之下，田中向联合舰队发电，请求允许4艘运输舰搁浅，抢滩上岸。山本还不知道近藤放弃炮击机场的消息，断然拒绝了田中的请求。

时间一分一秒过去，田中急得五脏冒火，七窍生烟。如果运输舰退到瓜岛海峡一带，肯定难逃灭顶之灾。干脆破釜沉舟，说不定还能送增援部队和物资上岸。

身心交瘁的田中随即带领4艘运输舰赶往瓜岛，搁浅后开始卸载。此时，黑沉沉的海边已经露出鱼肚白，这是一个雨过天晴的日子，风和日丽，万里无云。田中知道美岸基飞机就要出现在自己头顶上了，他要求航空母舰"飞鹰"号立即派战斗机掩护登陆。

日出时，经过紧张的忙碌，田中只卸下2,000名士兵、260箱弹药和1,500袋大米。就在这时，他最担心的事情发生了。美军的大口径岸炮首先发难，重磅炮弹不断落在运输舰周围，卸载只好停顿下来。

不一会儿，6架美军轰炸机飞临上空，斜着翅膀俯冲下来盘旋轰炸。田中指挥仅有的1艘驱逐舰阻击美机，豁出性命强行卸载。一群又一群的美鱼雷机和轰炸机黑压压扑来，分头轰炸日舰和岸上的物资。1艘美驱逐舰也从图拉吉港赶来，咬住日驱逐舰连连发射鱼雷。

日本人受到岛上、海上、天上的立体进攻，犹如没头的苍蝇，东躲西撞，顾头顾不得尾。田中丧魂落魄地躲过鱼雷，但他没躲过持续的轰炸，1颗炮弹击中甲板起火，正在舰面上的水兵立即送命。再坚持下去只能为运输舰陪葬，田中在无奈中施放烟幕，抛下运输舰落荒而逃。

撵跑了驱逐舰，美机立即大开杀戒。它们贴着运输舰的烟囱投掷出大量炸弹，岸炮也转而轰击滩头，打得水里、岸上硝烟弥漫。手无寸铁的运输舰上的日军士兵和水手呼天抢地，处于任人宰割的境地。到15日上午10时，4艘抢滩登陆的日运输舰，一半四分五裂，一半大火冲天，海面布满挣扎攒动的人头。后来，美机不再攻击散架的日舰，而是对滩头投掷下大批燃烧弹，滚滚火焰席卷从林，吞噬着侥幸挣扎上岸的日本士兵。而日本人好不容

易卸到滩头的弹药和物资，在火海中化成一团团灰烬，随风飘散。

到最后，大屠杀达到登峰造极的地步，日军登陆的滩头犹如人间地狱，空气中充斥着焦煳味，海面漂满支离破碎的残骸，海滩上烧成奇形怪状的尸体，面目狰狞可怕，一具挨着一具。有的几个人抱在一起，有的人或坐或立，有的人临死前还伸出双手，大概是想向谁呼救……以至飞下低空拍摄照片的美国飞行员，都不敢再往下多看一眼！

至此，历时 3 天 3 夜的一系列海战宣告结束。

这场海战，对日本人来说无异于一场浩劫。美军击沉日战列舰 2 艘、驱逐舰 4 艘、运输舰 11 艘、潜艇 1 艘，重创巡洋舰 3 艘。由于瓜岛地区的制空权在此之前被美军掌握，联合舰队在这次海战中又伤了元气，山本不敢再冒风险派舰队进入所罗门群岛南部海域，不再积极向瓜岛大规模地运送援兵和物资，岛上日军的处境日益困难。

可以说，瓜岛战役的胜负至此已经初见分晓。正像美海军总司令金上将总结的那样："我们损失严重，但是取得了瓜达尔卡纳尔大海战的胜利，解除了日军攻击瓜达尔卡纳尔岛的严重威胁，巩固了我军在所罗门群岛的地位。"一直抱怨海军的范德格里夫特，自登陆以来第一次无保留地赞扬了海军。他在给哈尔西的电报中说：

我们认为，敌人已遭到毁灭性的失败……我们感谢李昨晚的大力援助，感谢金凯德将军……他们无情打击了敌军，表现出色。对这些努力我们深为赞扬，尤其是斯考特、卡拉汉及他们的部下，在寡不敌众的情况下，仍然奋勇作战，英勇捐躯，他们的牺牲使得胜利成为可能……对他们，我以及瓜达尔卡纳尔岛上的全体官兵，谨高举弹痕累累的钢盔，致以最深的敬意。胜利的消息传到华盛顿，参谋长联席会议情绪为之一振，美军政首脑无不欢欣鼓舞。海军部长弗兰克·诺克斯海军上将在接受报界采访时说道："尽管我们遭受了严重损失，但是瓜达尔卡纳尔岛战役（美军将'瓜岛以北海战'称为'瓜达尔卡纳尔岛战役'）是我们的一个决定性胜利。从此，我军在所罗门群岛南部诸岛的阵地免除了威胁。"

罗斯福总统在卡拉汉和斯科特两位将领的追悼会上也宣称："这次战争的转折点终于来到了！"

第八章

封锁瓜岛

　　日本大本营对瓜岛仍然抱有幻想，认为瓜岛失败是由于指挥不力造成的，为此制订紧急预案，组建第8方面军，下辖从中国战场调来的第18军团以及第17军团。第18军团将接替第17军团在新几内亚群岛的防务，以便第17军团腾出手来，集中精力进行瓜岛作战……美军则针锋相对，日夜严密封锁瓜岛海域，甚至连一只海鸥都逃不过美军飞行员的眼睛。瓜岛成为真正的饥饿之岛、死亡之岛。

No.1 无法收拾的"烂摊子"

日军在经历了 10 月份的惨败后，统帅部一度产生动摇，认为争夺瓜岛之战得不偿失。但最终还是决定投入更大的兵力，坚决夺回瓜岛。11 月 6 日，日本大本营制定新的作战方针：

陆、海军协同，首先迅速压制所罗门方面的敌航空兵力，取得成功后，一举运送部队和军需品，然后综合发挥所有战斗力夺回瓜岛。

同时，大本营还采取如下措施：

紧急组建第 8 方面军，下辖从中国战场调来的第 18 军团，以及百武指挥的第 17 军团。第 18 军团将接替第 17 军团在新几内亚群岛的防务，以便第 17 军团腾出手来，集中精力进行瓜岛作战。

经陆军参谋总长杉山元陆军大将推荐，从爪哇调来荷属东印度的征服者今村均陆军中将，担任新组建的第 8 方面军司令，指挥整个南太平洋战场。今村均素有"儒将"之称，他文武兼备，比较开明，在日本军界享有与山本一样的声望。在赶赴南太平洋之前，天皇宣他进宫听旨，以示激励。今村没想到突然指挥两个军团，但他研究了瓜达尔卡纳尔岛的战局后，才知道自己接手的是一个烂摊子。他怎么力挽败局？无奈这是命令，只得硬着头皮飞往东京，觐见天皇。

"今村，朕知道你在爪哇干得不错。"裕仁天皇不动声色地说。

"陛下过奖了，卑职尽职而已。"

"你知道朕为什么紧急召你吗？"裕仁话题一转说。

"我对瓜达尔卡纳尔岛战事了解甚少，恐怕难以胜任……"

"一想到我第 17 军团官兵正在受苦，朕日夜不安，所以请你分忧！"

"请陛下放心，我当竭尽全力。"

"你什么时候去？"

今村没想到天皇这么着急，一时不知怎么回答。

"朕希望你日夜兼程，走马上任，不负重托，解救第 17 军团的官兵。"

"是。"

今村诚惶诚恐地鞠躬告退，他看见天皇不再掩饰自己的忧虑，眼角闪着泪光。

1942 年 11 月 22 日，今村飞抵拉包尔岛，就任新组建的第 8 方面军司令官。刚到拉包尔，瓜达尔卡纳尔大海战失利的消息就送到案前，今村的心情坏透了。看来海军一时半会儿是指望不上了，他希望瓜岛的日军仍有粮草度日，待海军休整一段时间再派出运输舰队。想

▲ 瓜岛滩头到处都是日军士兵的尸体。

到这，今村立即致电第 17 军团，要求他们忍辱负重，并保证马上向岛上运送援军和补给。

根据上述方针，第 17 军团的任务是坚决顶住美军的反攻，固守现有阵地，为下一次的"总攻"准备条件。

此时，与日军对峙的美军比较平静，其行动尚未对岛上的日军造成严重威胁，而饥饿却成了瓜岛日军的大敌。日军对瓜岛部队的实际补给，这时只能维持定量的 1/5 到 1/3。由于长期补给不足，岛上官兵的体力消耗殆尽，战斗力极弱。日海上部队不再进入瓜岛海域，仅利用暗夜谨慎地进行"东京快车"式的补给，远远不能满足前线的需要，瓜岛日军根本无法摆脱困境。

与日军情况相反，瓜岛的美军却越战越强。尼米兹认为海军陆战队第 1 师已完成使命，是该换防的时候了。他和麦克阿瑟商量后，派陆军第 25 师师长亚历山大·帕奇陆军少将接替机场防务。瓜达尔卡纳尔岛争夺战的英雄——范德格里夫特载誉而归，他后来荣升为海军中将，并就任美海军陆战队总司令官。

1942 年 12 月 9 日，劳苦功高的美海军陆战队第 1 师官兵，经过 4 个月魔鬼般的煎熬，终于和陆军第 25 师换防，撤至澳大利亚休整。该师在后来夺取日本本土冲绳岛的攻坚战中，再显英雄本色。一直到战争结束，日本人一听说"瓜达尔卡纳尔屠夫"到来，还无不闻风丧胆。

帕奇接管亨德森机场后，仍为百武的虚张声势所迷惑，他向哈尔西报告说，据飞机侦察的各种迹象表明，日本人可能再次发动一次垂死进攻。他建议主动进攻日军外围阵地，把战线推到敌人一边，消灭日本人的有生力量，以攻代守。南太平洋部队和地区司令部同意帕奇的想法，但叮嘱他不要走得太远，逐步拿下直接威胁机场周围的敌军阵地，适可而止。

帕奇开始酝酿夺取奥斯腾山等目标的作战计划。

日联合舰队连遭败绩，尽管陆军四处调兵遣将，山本却打不起精神答复今村的要求。陆军说岛上的人都快饿死了，海军不能见死不救。海军说舰队刚打完一场恶战，需要时间休整，再说航空母舰都回本土大修去了，仅凭现有的战舰无法与美航空母舰抗衡。山本高挂"免战牌"，连"东京快车"也停止夜间运行了。

No.2 "嗷嗷待哺"的日本军

美国人日夜严密封锁瓜达尔卡纳尔岛海域，甚至连一只海鸥都逃不过美飞行员的眼睛。今村为解瓜岛日军的燃眉之急，派出陆军飞机空投粮食，但长途运输的日机尚未飞抵目的地，即遭美机拦阻，常常有去无回。日机慌乱之中投下的粮食，极少落在日本人手里，大部分降落伞飘入美军防线，或为亨德森机场高射炮火摧毁……

驻守瓜岛的日军陷入了灭顶之灾。

身体强壮的人靠草根尚难度日，可怜的是那些断腿缺臂的伤员，又得不到奇缺的药品治疗，军医只得用海水治疗化脓的伤口，眼看着伤员一点点咽气。岛上疾病蔓延，恶臭扑鼻，身体虚弱的人很容易染上疟疾和痢疾，伤病员成批成批地倒下，横七竖八地躺在营房里、阵地上，他们像雏鸟一样张着嘴巴，嗷嗷待哺，用尽最后一丝气力要东西吃。哪怕有人往嘴里塞一口野菜，他们就能心满意足地闭上眼睛。"死亡岛"绝对名符其实。

一名瓜岛的生还者在战地日记这样描写当时的悲惨情景：

11月25日：不见天日的战友与日俱增，他们永远告别人世，饿死的士兵都在夜晚上天堂了。

难道是神秘的黑夜吞噬了生灵？

11月26日：一大清早，敌人又发动攻势……

下午，大家一边晒太阳，一边抓跳蚤。最近，山上的四脚蛇明显减少……在这里，它是唯一的佳肴。

11月27日：尽管一星期才拉一次屎，像山羊粪蛋！今天，再也拉不出来了。挣扎着去挖野菜，准备一天的食物……

今村立即把瓜岛的情况反映给大本营，希望得到更多的增援。但大本营也面临重重困难，如果答应今村，起码再追加37万吨物资。把这些物资从本土运往所罗门群岛，势必征用民用船只。大本营不同意这样做，参谋本部不高兴了，指责说："我们不给他船舶运送兵源和物资，他拿什么去打美国人？"

这样争来争去，很长时间都没有解决问题。一位大本营的参谋在他的日记中写道：

如今有这样一个印象，日本正处于兴亡的边缘，今村成功的希望究竟大不大呢？如果希望不大，应如何摆脱困境？大本营当慎重考虑，处理棘手局面。前进或者后退，走错一步都不可挽回……如果在瓜达尔卡纳尔岛败北，我们肯定将在太平洋战争中失败。

瓜达尔卡纳尔岛上的部队饿得死去活来，百武愤怒的电报接连不断，今村像中转站一样将求援电报转发东京，但大多电文都是泥牛入海。

为了维持瓜岛部队的战斗力，日军对确保物资补给这一当务之急倾注了最大努力。11月中旬，双方提出一种彼此暂时接受的办法：用铁桶运送食品。所谓"铁桶输送"就是：把补给物资装入铁桶，不要装满，使其能在水中浮起，加以密封，以绳索连接起来，固定在舰艇的甲板上，载到指定水域后投入海中，由岛上部队派出汽艇，钩住绳索将其拖到岸边即可。

从11月25日至30日，日本海军部队每天派出1艘潜艇进行这种补给。但其载运量有限，依然不能满足岛上部队的需要。因此，日军前线指挥部于11月28日决定，立即抽调一支驱逐舰部队载运这种铁桶，进行规模较大的补给与增援。这支增援队由"长波"号(旗舰)、"高波"号2艘驱逐舰担任警戒，以"亲潮"号、"黑潮"号、"阳炎"号、"卷波"号、"江风"号、"凉风"号6艘驱逐舰担任运输，共载运1,100个铁桶和少量部队，由田中海军少将指挥，29日22时30分从肖特兰岛起航。为了避开美侦察机，田中精心选择了一条航线：出海后向翁通爪哇群岛方向前进，进至该岛东南转向南行，由圣依萨贝尔岛以东驶入瓜岛。

计划制订得很周密，每一个细节都考虑到了，但田中仍旧忐忑不安。

No.3 "生命线"被掐断

这时，美军的情况迅速好转。亨德森机场不仅已有两条战斗机跑道，又修好一条轰炸机跑道，B－17重轰炸机已可进驻此地，机场上的美机增到120余架。在前5次海战中，美军的海上兵力虽有很大消耗，但到这时已有修复的和新造的军舰予以补充。为了更有效地打击日本人，哈尔西将海上部队的编制与部署作了相应调整。将现有战舰组建成3支特混编队。一是由航空母舰"企业"号和"萨拉托加"号等组成的航空母舰编队；二是由战列舰队"华盛顿"号、"北卡罗林纳"号、"印第安纳"号等组成的战列舰编队；三是由

重巡洋舰"彭萨科拉"号、"新奥尔良"号、"诺斯安普敦"号以及轻巡洋舰"檀香山"号、"海伦娜"号等组成的巡洋舰编队。三支特混编队保持着相对的机动性，一旦发现日联合舰队新的动向，将各自施展自己的本事，切断敌人的海上运输线。

另由 5 艘巡洋舰和 6 艘驱逐舰组成第 67 特混编队，先由金凯德将军指挥，后由赖特海军少将接替，其基本任务是阻止日军增援。

日军舰船在肖特兰集结时，引起了美军的注意。哈尔西根据侦察情报估计到，日方一次规模较大的增援行动可能即将开始，遂命令赖特海军少将率领第 67 特混编队，于 29 日晚出航，前往瓜岛海域截击敌人。

赖特将第 67 特混编队分成两支舰队：一支为驱逐舰群，另一支为巡洋舰群。一旦遭遇敌舰，担负警戒任务的驱逐舰，可凭新式雷达首先发现目标，发起鱼雷攻击。待水上飞机投下照明弹，为巡洋舰指示射击目标，驱逐舰群闪开，让巡洋舰群的大炮发挥威力。

29 日傍晚，南太平洋部队和地区司令部通过破译的日军电码获悉，有一列"东京快车"开往瓜岛。第 67 特混编队闻风而动，当晚 11 时由圣埃斯皮里图岛缓缓出航，准备阻截这支日军舰队。

是夜，密云不雨，天空漆黑似锅底，海面风平浪静。11 艘战舰进行"灯火管制"，以防备日军潜艇的袭击，舰队以 28 节的航速穿过遍布水雷的水道。舰队刚刚起航，努美阿基地发来情报说：一支日驱逐舰队，可能在 30 日夜晚抵达"铁底湾"。

赖特着急起来，圣埃斯皮里图岛离瓜岛尚有 680 海里，时间紧迫，必须抄近路赶在前面截击"东京快车"。赖特率领舰队经印迪斯彭萨布尔海峡直奔"铁底湾"。

就在美军舰队全力驶向"铁底湾"时，田中率领的"东京快车"也开出布干维尔群岛的布纳港。田中坐镇旗舰"长波"号，率8艘驱逐舰，驶进暮色苍茫的布干维尔海面。舰队看上去很滑稽，它不但装载少量增援部队，还拖着1,000多个浮桶，每艘驱逐舰后像拖着一条长长的"大辫子"，在汹涌的波涛中摇来摆去。为避开美侦察机，田中一直向东疾进，绕过龙卡多尔礁向南航行，暗暗接近"铁底湾"。田中已经做好了打算，一旦半路遇上美舰，4艘驱逐舰将砍断浮桶上的绳索，甩掉"辫子"迎击敌人，掩护另外4艘驱逐舰强行卸载。

整整一夜，田中没睡着觉，担心暴露行踪。但直到第二天上午10时，一点情况也没有。正当田中略微放心之际，突然飞来一架美侦察机。但很快，海面风起云涌，大浪滔天，云层压得很低，闪电和雷声划破云层。大雨将至，美飞行员顾不得攻击日舰，拍过电报返回基地避雨去了。田中忐忑不安，以为目标暴露，转向驶进云雨里迷惑敌人。殊不知恶劣的气候助了他一臂之力，美第67特混编队的无线电台受雷电干扰，没接收到侦察机发回的情报。

这样，赖特唯一指望上的就是在布纳港潜伏的情报人员。

30日早晨，潜伏在布纳港的一名情报人员计数港内日舰桅杆数目时，发现大约少了7艘驱逐舰，他立即将有关情况发给美军舰队。

田中在大雨中躲了一会儿，未发现再有其他的美机，便壮起胆来，掉转航向，继续按原定航线驶往"铁底湾"。

30日夜晚10时25分，美第67特混编队驶过伦招水道，由萨沃岛北面进入"铁底湾"。4艘驱逐舰"弗莱彻"号、"帕金斯"号、"莫利"号、"普雷斯顿"号担任前卫，5艘巡洋舰"明尼阿波利斯"号、"新奥尔良"号、"彭萨科拉"号、"檀香山"号、"诺斯安普敦"号居中，2艘驱逐舰"拉姆森"号、"拉德森"号断后。按原定计划，前卫群应该进行早期预警，先前降落在图拉吉港的水上飞机没发回敌情报告，致使赖特没有及时发现逼近的日军舰队。

夜晚10时45分，日驱逐舰列成单纵队，由萨沃岛西面驶入"铁底湾"。大雨停了，乌云笼罩着海面，几十米外什么都看不清。田中派出驱逐舰"高波"号驶往左前方担任警戒，旗舰"长波"号首当其冲，驱逐舰"卷波"号、"亲潮"号、"黑潮"号、"阳炎"号、"江风"号、"凉风"号鱼贯其后。当舰队接近塔萨法朗加角时，确信附近没有可疑情况，8艘战舰分散开去，向岸上接应的陆军发出信号，看到篝火后开始投放浮桶。

深夜11时6分，美旗舰"明尼阿波利斯"号雷达发出警报：

"发现敌军舰队！"

美舰立即拉响战斗警报，向右转向 40 度成单纵队应战。赖特不放心，怕碰到从图拉吉港驶出的巡逻舰，造成误伤，亲自到雷达室观察敌情。从荧光屏上可以看出，一支舰队正在向东南方向航行，无疑是"东京快车"了。赖特不再犹豫，命令先头驱逐舰进行鱼雷攻击。

来者正是日舰编队，最前面是驱逐舰"高波"号，这艘驱逐舰同时也发现美舰编队，并打亮信号灯发出警报。但黑夜之中雾气弥漫，旗舰"长波"号没有看到警报，耽误几分钟后才得到确切消息，知道敌人近在咫尺，遂仓促迎战。

深夜 11 时 16 分，美驱逐舰"弗莱彻"号发现一艘日驱逐舰，舰长科尔中校清楚地看到日舰信号灯的闪光，请求允许发射鱼雷。由于海岸和山影的干扰，旗舰的雷达荧光屏图像模糊不清，赖特认为双方相距还远，匆忙发射鱼雷把握性不大，反倒打草惊蛇，事倍功半，迟迟没有下达进攻命令。

时间在飞逝，"弗莱彻"号鱼雷官急得火冒三丈，又不能开炮。科尔中校打破无线电沉默解释说，他的战舰正处于鱼雷攻击的最好时机，否则就要和日舰相撞了。赖特仍然迟疑不决，他详细询问了其他 3 艘驱逐舰的情况，才让前卫群发起攻击。

两支舰队高速对开，在美国人犹豫不决的几分钟内，日驱逐舰"高波"号风驰电掣般地驶过"弗莱彻"号左侧，阵位变得对日本人有利了。日舰同样没接到指示，不敢贸然开火。两艘敌对的战舰擦肩而过，炮手都瞪大眼睛看着对方，伸出拳头相互示威，都不清楚长官为什么不让开火！

良机瞬间已失，科尔中校捶胸顿足，"东京快车"闪电般驶过，待美前卫群转过身来，双方距离已经拉开了。"弗莱彻"号首先发射出 10 枚鱼雷，紧跟其后的第二艘驱远舰"帕金斯"号发射出 8 枚鱼雷，第三艘驱逐舰"莫利"号没找到目标，第四艘驱逐舰"普雷斯顿"号打出 2 枚鱼雷。美国人鞭长莫及，所有的鱼雷都放了空饱。

日舰仍然没有反应，赖特将军抓起无线电话喊道："开始炮击，开始炮击！"

随即，赖特所在的旗舰"明尼阿波利斯"号率先打出照明弹，向一艘最近的日舰开火。其他巡洋舰也打出照明弹，开始猛烈炮击。4 艘驱逐舰也不甘落后，掉转炮口加入炮战，天空挂满闪闪烁烁的照明弹，"铁底湾"一片通明。

此时，日旗舰"长波"号正在放浮桶，望哨突然喊道："发现敌军舰队！"继而又看到数枚鱼雷袭来。田中猝不及防，顿时感觉大祸临头。炮弹的爆炸震耳欲聋，2 枚鱼雷径直射来。

"长波"号上的水手乱作一团，惊恐地抱着脑袋，闭上眼睛等待着大爆炸。站在舰桥上的田中也听天由命了。他冷峻地盯住鱼雷，准备与战舰共存亡。参谋们见将军视死如归，也在他身边纹丝不动。

　　1秒、2秒、3秒钟过去了，一个水兵睁开眼睛，目瞪口呆。奇迹发生了，2枚近在咫尺的鱼雷突然停止了窜动，缓缓沉进水底。

　　水兵们发出欢呼："敌人的鱼雷自动沉没啦！"

　　田中大难不死，赶紧询问其他战舰的情况，7艘驱逐舰丝毫未损。此时，美舰炮火闪光暴露自己的位置，正好成了反击的目标。瞭望哨报告道："发现敌巡洋舰5艘、驱逐舰4艘。"

　　田中马上命令各舰："高速接近美舰，进行鱼雷攻击。"

　　"敌人向我舰开炮，能否还击？"冲在最前面的"高波"号问。

　　"除非绝对必要，不许暴露目标。"田中回答。

　　"我们正在甩掉浮桶，鱼雷攻击之后怎么办？"紧跟在后面的"卷波"号问。

　　"敌我实力悬殊，不得恋战，撤退。"

▼ 增援瓜岛的一艘日本船被击中后起火。

"明白了。"

日舰跃马横刀，冒着密集的炮火，穿过冲天的水浪，高速接近目标施放鱼雷。

"高波"号掉头最早，它冲破美驱逐舰的拦截，迫不及待地向一艘巡洋舰发射出鱼雷。美舰雷达的荧光屏上，都显示出"高波"号的位置，美巡洋舰躲过鱼雷，集中火力阻击这艘单枪匹马的驱逐舰。"高波"号左突右闯，万不得已开炮自卫，它单薄的火力即刻成为众矢之的，美国人不用雷达就能瞄准目标。

"高波"号浑身上下中弹10余枚，舰面火球冲天而起，水兵死伤惨重。但日本人夜战训练有素，它仍然能顽强地开炮还击。"明尼阿波利斯"号开足马力追了上去，打得日舰遍体鳞伤，"高波"号虽歪歪斜斜逃离战场，已无力自救，最后在逃亡中沉入海底。

日旗舰"长波"号奋勇争先，紧接"高波"号向美舰队打出8枚鱼雷，然后向左后方紧急转向，躲避美舰射来的炮火。美巡洋舰"新奥尔良"号、"彭萨科拉"号、"檀香山"号、"诺思安普敦"号立即开火还击，截住"东京快车"。炮弹像密集的火球，在日舰前后左右纷纷落下。

黑夜之中，灵巧的日驱逐舰如鱼得水，穿行于火网中。最终，只有"高波"号受伤，其他日舰完好无损。

最令赖特百思不解的是，除"高波"号拼死还击外，其他日舰一直保持沉默，没有还击。他甚至怀疑对方是一支运输舰队。赖特要求后卫驱逐舰插上，决不放过到手的肥肉，让一艘日舰逃掉。一时间美舰争先恐后，蜂拥而上，正好进入日舰发射鱼雷的扇面。

田中见状大喜，再次催促各舰发射鱼雷，旗舰"长波"号转向撤退之际，一口气打出所有的鱼雷。

"卷波"号、"亲潮"号、"黑潮"号、"江风"号、"凉风"号动作慢了一点，它们在急驶中看到岸上的篝火，甩掉浮桶后立即转向，不失时机地发射出鱼雷。队列中只有"阳炎"号出了岔子，没能及时砍断拖着浮桶的绳索，错过发射鱼雷的大好时机。

几十枚"长矛"式远程鱼雷破浪前进，朝美舰袭来。

5艘巡洋舰处在万分危机之中。

旗舰"明尼阿波利斯"号进行多次齐射，欢声四起，水兵们看到日舰"高波"号爆炸沉没，继而射击另一艘日舰。巡洋舰"新奥尔良"号也打出多次齐射。巡洋舰"彭萨科拉"号雷达性能不好，好长时间才捕捉到目标，待它开炮时，日舰已经迅速逃离，炮弹落在日本人的屁股后面，成了地道的"马后炮"。美后卫驱逐舰"拉姆森"号、"拉德森"号插上来，雷达搜索没发现攻击目标，一时间丈二和尚摸不着头脑。"拉姆森"号舰长在望远镜里看到美巡洋舰万炮齐鸣，却不见敌舰踪影。一个值班军官指着远处一两点闪光说那肯定是一艘日舰，请求允许他开炮射击。舰长问"如果是敌舰，它为什么不还击？"

值班军官回答："日本人可能发明了一种不发光的火药！"

舰长将信将疑，不管怎么猜测，他还是开火了。

11时27分，旗舰"明尼阿波利斯"号的望哨突然发现近在咫尺的2枚鱼雷："鱼雷，两枚鱼雷射来……"

喊声未落，鱼雷已经到了跟前，舰身跟着跳了起来，随即发生一阵山崩地裂般的大爆炸，熊熊烈焰笼罩整个舰面。正在舰桥上指挥战斗的赖特也中弹受伤，"明尼阿波利斯"号至死不退，仍旧带着大火向日舰频频射击。

紧随其后的"新奥尔良"号见旗舰中雷，满舵右转以免相撞，舰长迎面看到一枚射来的鱼雷，再次转舵规避鱼雷，但已经来不及了，鱼雷钻进左舷舰首，不偏不倚地在两个弹药舱中间爆炸，引爆弹药舱里储存的炮弹，连续的爆炸惊天动地，不绝于耳。"新奥尔良"号的大炮均被炸毁，甲板上烈焰冲天，航速很快降至5节，随即完全丧失了战斗力。

转眼之间，正在对"东京快车"穷追猛打的美舰编队损失惨重，两艘巡洋舰身负重伤，指挥官不死即伤，群龙无首。田中见两艘美舰燃起大火，准备掉头进行炮击。这时，几架美水上飞机，飞临日驱逐舰头顶，他立即打消了念头。

美舰纵队第三艘巡洋舰"彭萨科拉"号看见前面的战舰突然右转，立刻紧急向左转向，躲开"新奥尔良"号，驶近燃烧的美舰和日舰之间，暴露出自己庞大的舰体。刚刚甩掉浮桶的日驱逐舰"阳炎"号，立即打出全部鱼雷，一枚鱼雷命中"彭萨科拉"号左舷机舱，炸出了个大窟窿。海水立刻涌了进来，"彭萨科拉"航速降至8节，再也无法进攻日舰了。

纵队第四艘巡洋舰"檀香山"号和"彭萨科拉"号拉开的距离较大，舰长提斯德尔海军少将见前面友舰的受挫，亲自操舵，躲开迎面袭来的鱼雷。他顾不得集结起后面的战舰，便以30节的高速，冲向撤退的日舰，用猛烈的炮火掩护受伤的旗舰，让其他舰只腾出手来进行救援……

最糟糕的莫过于"诺思安普敦"号，这艘纵队中最后一艘巡洋舰，为躲避前面3艘受伤的友舰，左转右拐，让燃烧的大火照亮舰体。日驱逐舰"亲潮"号趁机向它发射鱼雷，2枚鱼雷命中左舷。随即发生猛烈的爆炸，海水如潮水般从左舷涌进，舰身急剧倾斜，舰尾跟着下沉。尽管官兵们奋力堵塞漏洞，但仍无济于事。最终舰长忍痛宣布降旗弃舰，水兵纷纷跳下大海……

"檀香山"号上的官兵们，看到"诺斯安普敦"号沉没，不禁泪流满面。提斯德尔派出救生艇，抢救落水的士兵，随后单枪匹马驶往萨沃岛面海域，追击敌人。

美驱逐舰"拉姆森"号、"拉德森"号远远将巡洋舰队抛在后面，追击逃跑的日舰编队。3艘受伤的美巡洋舰仍坚持炮击，炮手们打红了眼，人人急于报仇，发现前面有2艘战舰，劈头盖脸一阵猛轰。"拉姆森"号忙于进攻，不料身后炮弹连连打来。舰长连忙用无线电话呼叫："不要自相残杀！"

但炮火仍然不断，"拉德森"号被命中一弹，舰长这才有所醒悟，旗舰已经受伤，接收不到电波了。

"拉姆森"号和"拉德森"号立即打开战斗识别灯，开足马力躲避己方的炮火，驶离战场。就在惊魂未定之际，突然，"拉姆森"号上的瞭望报告："前方发现敌人设置的大量浮雷！"

舰长大惑不解，日本人在如此开阔的海域布雷，不是捕风捉影么？他转念一想，要是跟在后面的友舰不能及时察觉，说不定酿成大祸，于是小心翼翼靠近雷区，准备排雷。

海面刮起大风，阵风吹散乌云，"拉姆森"号舰长顺着月光望去，一条条长蛇似的"水雷"随波漂浮，此起彼伏。美舰放下小艇，排雷的水兵心惊胆战地打捞起一枚"水雷"，啼笑皆非："报告舰长，这不是水雷！"

"什么？"

"是些铁桶。"水手长回答说。

"日本人放这玩意干什么？"舰长不可思议地问。

"里面装的是粮食。"

舰长似有所悟，"东京快车"是用这种办法运送给养，他向巡洋舰"檀香山"号报告，要求摧毁漂浮在海面上的浮桶。

田中见已经甩掉追击的美舰，遂命令驱逐舰"阳炎"号、"黑潮"号返回去救援已经受伤"高波"号。两艘驱逐舰趁乱接近燃烧的美舰，企图击沉美旗舰"明尼阿波利斯"号，恰好被"檀香山"号及时发现，美国人立即发炮还击，强大的炮火阻击日舰。日舰无计可施，只得放弃正在沉没的"高波"号高速退去。

隆加湾海战是瓜达尔卡纳尔争夺战中，日军处在战略失败已成定局的情况下，在战术上取得胜利的一次海战。但是，田中并未完成任务，所带的铁桶没有一个被送到瓜岛即将饿死的日军手里。

至此，日军通过海上向瓜岛运送补给的运输线被彻底切断了。瓜岛上的日军处于坐以待毙的境地。

第九章

最后的晚餐

　　经过 3 个星期的阻截，岛上日军没得到一点增援物资，连军团司令部都断了粮食，只能靠香蕉、酸橙、树根和其他植物维持生命。普通士兵就更惨了，大部分人都坐等着像灯油熬尽了一样死去……大批日军伤病号躺在丛林中奄奄一息，数不清的尸体腐烂生蛆，绿头苍蝇"嗡嗡"缠绕。那些还有一口气的活人，无法动弹手臂，便大张着嘴巴，诱使苍蝇飞进口里，一下子咽进肚里，权且当作"最后的晚餐"。

No.1 血染的浮桶

日军在塔萨法朗加海战中虽然重创了美军的第67特混编队，但是并没有完成输送任务。瓜岛的日军严重缺乏补给，一再要求尽快运送补给上岛。

12月3日，田中坐镇旗舰"长波"号，率10艘驱逐舰，拖着1,500个浮桶驶出肖特兰港。不料舰队前脚刚出发，就被美军情报人员发现。瓜岛的航空队马上派出15架"无畏"式俯冲轰炸机前往阻截。下午时分，"东京快车"驶进瓜岛海峡前，就有1架美侦察机远远地跟在后面，日舰舰炮够不着美机，又甩不掉尾巴。田中预料大批美机一会儿就要到来，要求护航日机赶跑美侦察机。他高速前进，力争天黑前驶出海峡。

夕阳西下，暮色苍茫，日舰编队接近海峡出口，田中仍未遭到美机截击，于是大大松了口气。那架被日机追赶的美侦察机，慌忙之中报错方位，瓜岛的航空队飞过了头。美国人兜了个大圈子，反过头来追上日舰，油箱里的燃油所剩无几，15架轰炸机还是毫不犹豫地俯冲下来，围追堵截四下散开的日舰。护航的日战斗机，被跟在后面的美战斗机咬住，双方展开激战，腾不出手来支援战舰。好在海峡出口水域开阔，日舰有充分的余地左右周旋，用猛烈炮火射击呼啸而下的美轰炸机。

一时间，海峡好像开了锅，高速躲避炸弹的日舰，拖着长长的浮桶甩来甩去，犹如兴风作浪的长龙，在炸弹击起的波峰浪谷中翻滚。田中看到拖着浮桶的驱逐舰行动不便，再周旋下去要吃亏了，急令日机赶快来救援。4架日战斗机突破美战斗机阻截，冲近美轰炸机猛烈开火。日舰上的水兵欢呼起来，2架美轰炸机中弹起火，拖着浓烟栽进大海。美机受到干扰，所投炸弹无一命中。夜幕渐渐笼罩海面，美机只得收兵，钻进云层里返航了。一场恶战之后，田中丝毫未受损伤，10艘战舰排成一列纵队，继续乘风破浪南下。

午夜时分，杉田和小泽军曹再次来到塔萨法朗加角，准备接应"东京快车"。

这一次来了很多人，附近丛林里站满了人。他们个个望眼欲穿，焦躁地等待着。杉田粗略地估计了一下，起码有六七百人。临出发前上司叮嘱他说："这次务必弄到一些粮食，司令长官也快断粮了！"

海风吹散低低的乌云，海浪汹涌澎湃，圆圆的月亮露了出来，将缕缕清辉洒在丛林里。小泽军曹塞给杉田一块黑糊糊的东西："给。"

"什么？"杉田莫名其妙。

"水耗子，我从鳄鱼嘴里夺来的，"小泽遗憾地吧嗒着嘴巴，"我捅了它一刺刀，还是跑了，可惜不敢开枪，要不我们就有好肉吃了！"

已经几天没有粮食了，杉田吃过青蛇、四脚蛇，但从未吃过老鼠，他感到一阵恶心，差点呕吐出来，但还是硬将肉咽了下去。填不饱肚子，就没有力气和风浪搏斗。吃过食物，杉田软绵绵的身体像充过电一样，劲头足了。

大海深处的"东京快车"亮起信号灯，岸上点起预定的篝火，衫田暗暗祈祷千万不要遭遇美舰。没有惊喜，没有欢呼，一只只小船悄无声息地推进水里，士兵们扒掉破烂的衣衫，赤条条地跳上小船，争先恐后向铁桶划去。

杉田与小泽划动的小船在浪涛中颠簸起伏，没有抢上小船的士兵，站在岸边低低地催促着："快，下一次让我们上！"

船上的人头都不回，拼命冲向驱逐舰。汹涌的浪涛扑上小船，谁都顾不得抹一把脸上的海水，把浑身的力气聚集在手臂上，飞快地挥动船桨。十几艘小船像比赛一般，劈波斩浪竞相冲刺。驱逐舰上的信号灯闪个不停："我们已经完成任务，祝你们成功。"之后便匆匆地调头返航了。

◀ 瓜岛上困兽犹斗的日军。

"奶奶的，连敌人的影子都没有，又跑了。"小泽军曹恨恨地说。

"别自找倒霉，敌人来了都好不了！"杉田抓住一串浮动的绳索，"向回划。"

小船掉过头，拖起长长的铁桶，吃力地向海岸划去。杉田扫了周围一眼，其他小船可没他们顺利，仍在大浪中挣扎搏斗，艰难地靠近漂浮不定的浮桶。

"快，要快！"岸上的人急得大喊起来。突然，杉田听到头顶传来"嗡嗡"声。"敌机！"黑暗中有人惊恐地喊道。话音未落，天空中挂满了耀眼的照明弹，美轰炸机从稀疏的云层里俯冲下来，黑糊糊的炸弹落在小船周围，爆炸声震耳欲聋。

10余架美机肆无忌惮地盘旋轰炸，几只落在后面的小船吃了炸弹，变成碎片飞上半空，他们拖拽的浮桶也被炸飞起来，与残肢断臂翻入水面，随波飘荡。一架飞机向杉田俯冲下来，小泽大喊："快跳水！"

没等船上的人反应过来，呼啸的炸弹落了下来，纷纷在身边爆炸，击起的浪山掀翻了小船。杉田沉进水底，接连喝了几口海水，等他钻出水面，小船已经沉没了。

"长官……"小泽气喘吁吁地游到他身边，递过来一把东西。

"救浮桶！"杉田一时没听清楚。

"大米。"

杉田看到，不远处有一个被炸开的铁桶，半沉半浮，几个浮出水面的士兵，正抓着生米向口里塞，而小泽的口里也含着大米。

"混蛋！"杉田大吼，奋力朝一串浮桶游去，"把它拖上岸去。"

小泽露出奇怪的微笑，仍旧往嘴里塞着大米。

"小泽军曹，我命令你……"一个大浪淹没杉田的吼声，他钻出浪头，刚想骂他，但随即被眼前的景象惊呆了：浪峰托起小泽的身体，一条腿炸没了，鲜血染红身边的海水。"死也落个饱鬼……"小泽断断续续地说。

"挺住，我来救你。"杉田拼命地扑过去，拉起他准备上岸。美机再次掠过头顶投弹。"不用了……抢粮食……"小泽猛地一翻身，压住杉田，一颗炸弹爆炸，杉田的身躯飞上浪峰，接着又沉入浪谷。杉田看到，小泽已经被浪头冲走了。

"小泽！"杉田疯狂地喊道，泪水模糊了眼睛，一个巨浪吞噬了小泽军曹，被炸成半串的铁桶载沉载浮，那几个抢大米吃的士兵也无影无踪了。

杉田定了定神，昏昏沉沉地抓住绳索，拖起浮桶向岸上游去。

岸上急不可耐的士兵，不顾炸弹发疯般冲下海水，接过靠近的浮桶，七手八脚抬上岸去。无数只干枯的手伸向炸坏的桶里，抓起粮食往自己的嘴里塞。美机一颗炸弹就能炸死一群挤成疙瘩的人，炸弹铺天盖地，岸上血肉横飞。到处都是大团大团爆炸的火焰，到处都是裸露的尸体和白花花的大米，空气里布满肉体烧灼的焦煳味……

十几只小船全部都被炸沉，爬上海滩的杉田不敢再看下去，他肝胆俱裂地抱住脑袋，任炸弹扬起的沙子埋下来……

这天夜里，田中虽卸下 1,500 个浮桶，但瓜岛的日军耗尽血本，损失 300 多人，仅抢回 310 桶补给食品，其余的尽为美机摧毁。

田中成功地投放过浮桶，一帆风顺地返回基地，信心大增。4 天之后，"东京列车"第三次启程。经过多次战斗，美军也找到了制敌对策，他们只派出 20 多架轰炸机封锁瓜岛海峡。美战斗机先行堵住护航的日战斗机，在远离日舰编队的上空拼搏厮杀，美轰炸机轻松地达到目的，对拖着浮桶的驱逐舰肆意轰炸。日舰唯恐遭到轰炸，仓皇转向逃跑，所带浮桶无一送到陆军手中。

12月7日，田中坐镇 2,500 吨级的旗舰"照月"号，率 8 艘驱逐舰拖 1,200 个浮桶，第四次驶往瓜岛。他汲取上次失败的经验，声东击西，把投放地点改在埃斯阳恩斯角，让美国人防不胜防。是日，阴云密布，大雨滂沱，美机无法在恶劣的气候里出动，日舰顺利地驶过瓜岛海峡，于午夜在埃斯帕恩斯角投下铁桶。

田中满以为大功告成了，欣然返航。可是舰队转身的时候，美鱼雷快艇突然出现，并毫不迟疑地发射出鱼雷，1 枚鱼雷恰巧命中旗舰"照月"号弹药舱，大爆炸将舰桥上的指挥官都掀下海去。田中头部中了一块弹片，血流满面。他浮出水面惊骇地看到，"照月"号已经断为两截，正在巨大漩涡中挣扎……周围尽是挣扎求生的人。一个参谋架住受伤的田中，大声向其他人员求救。日舰慌忙打捞起田中和几个军官，狼狈不堪地逃出危险区域，任凭大部分落水的士兵淹死……

美国人打开探照灯，击碎一串串漂浮的浮桶，活活让岸上的日本人气破了肚子。

12月21日，田中亲率增援群又进行一次密封铁桶的运输，将 1,200 个装有多种补给品的铁桶投放在埃斯帕恩斯角附近海面。但随即遭到美军飞机轰炸，岛上日军仅捞起 100多个铁桶，其余全部被炸毁了。

经过 3 个星期的阻截，岛上日军没得到一点增援物资，一个幸存的士兵在日记里写下了这段可怕的经历：

12月8日：米早已吃光了，就是椰子也快没有了。

12月23日：很久以来，我们的飞机一架也看不到，敌人的飞机每天都在空中盘旋、低飞、扫射、投弹，大批官兵倒在地上，没有药品治疗。

12月26日：在迎接新年的时候，我们没有食粮，伤病员在阴暗的帐篷里呻吟，每一天都有人死去。

12月27日：早上，又有好几个战友上天堂了。尸体横七竖八，苍蝇嗡嗡作响，蜂拥而来。

瓜达尔卡纳尔岛生还的陆军上士会计吉田嘉七，战后出版了一本回忆瓜岛战斗的诗集——《瓜达尔卡纳尔岛战地诗集》。

其中这样描写当时的悲惨情景：

行行复行行，

在黑黢黢的森林里，

辨不清前进的方向；

一天又一天，

夜里摸黑前进，

白天躲躲藏藏。

瓜达尔卡纳尔岛的森林呀，

如此密密苍苍，

因为带来的粮食早已吃光，

吃着不知名的野菜。

在难以攀登的山脊和断崖，

在腐朽的落叶层层堆积的林间徘徊，

几度跌倒又爬起，

爬起又跌倒，全身沾满泥浆。

连轰赶叮血的蚊子都一点劲儿也没有。

跌倒下来，几次想自杀……

▲ 美军士兵搭乘两栖汽车前往前沿阵地。

大批伤病员躺在丛林中奄奄一息。赤日炎炎，酷热蒸人，数不清的尸体腐烂生蛆，绿头苍蝇"嗡嗡"缠绕。那些还有一口气的活人，无法动弹手臂，便大张着嘴巴，诱使苍蝇飞进口里，一下子咽进肚里，权且当做"最后的晚餐"。有人给伤病员们列出一张死亡期限表：

能站起来的可活 30 天。

能坐起来的可活 20 天。

躺着小便者可活 3 天。

不能说话者可活 2 天。

不能眨眼者凌晨即死。

瓜达尔卡纳尔岛上的日军陷入绝境，举国震惊，连日本人一贯重视的元旦，都是在惶惑不安中度过。迫不得已，裕仁天皇在元旦祝辞中特别提到了瓜岛的战况，他说："日本帝国在瓜岛的战争中遇到巨大困难。在那里日本和美国正在进行一场决定性的战争……"

瓜达尔卡纳尔岛上日军剩下的日子屈指可数了。

No.2 日军再酿大错

日联合舰队丧失了瓜岛附近的制海权，使大量物资运不上瓜岛。山本想来想去，决定仿效美国人的方法，在瓜岛附近找一个适当的岛屿，建立一个空军基地。这样，或许能与美空中打击力量抗衡，打破美军的海上封锁。

山本把目光锁定蒙达岛。蒙达岛是位于新几内亚岛的人烟稀少的小岛，该岛距离瓜岛不远，且在 1942 年的 11 月，海军已经进占该岛，并有留守部队。

山本决定加快把蒙达岛的飞机场建设起来，于是向岛上派去一支运输舰队，卸下大量机械设备和工兵，开始修建简易机场。日本人的施工非常隐蔽，他们将机场选在一片茂密的树林里面，为了不让美侦察机发现，每移走一棵树木，就在那里拉起一片伪装网，上面铺满椰子、棕榈等树叶。从高空侦察的飞行员，若不仔细留心，很难发现地面上的跑道。

日军秘密修建新的飞机场不久，12 月 3 日，一架巡逻的美侦察机路过蒙达岛，注意到大批停泊的日运输舰只。他降低高度观察，遭到椰林中高射炮火的射击。飞行员及时把情况反映给南太平洋部队和地区司令部，一个轰炸机中队再次飞临蒙达

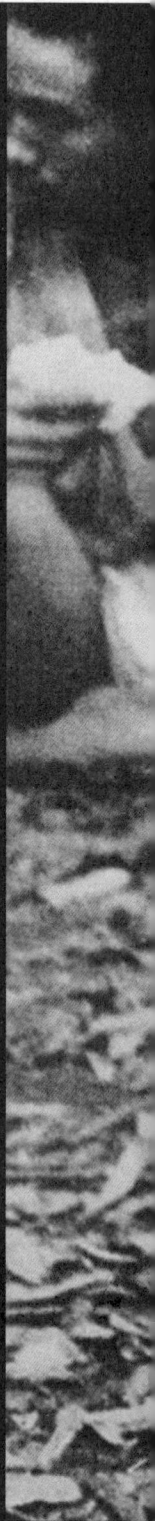

▲ 饥饿难挨的日军俘虏正狼吞虎咽地进食。

岛侦察，同样遭到高射炮火的拦截。美机强行俯冲投弹，炸毁机场上的伪装网，新建的房屋和未竣工的跑道暴露无遗，没等从拉包尔起飞的日战斗机赶来，美飞行员已进行过空中拍照，完成任务返航了。

得知日军在瓜岛附近正在建造新的机场，哈尔西震惊不已。假如日本人在蒙达岛建成机场，亨德森机场危在旦夕不说，美海上运输线也将被切断。决不能让日本人的阴谋得逞，必须先下手，摧毁兴建中的日军机场。

12月6日清晨，天空雾气蒙蒙，能见度较低，美"仙人掌航空队"首次飞临蒙达机场上空，日军即以凶猛的高射炮火应战，迫使下滑投弹的美飞行员不能准确地命中目标，轰炸并没起到多大破坏作用，工兵照旧争分夺秒地施工。

两天以后，从圣埃斯皮里图岛起飞的18架"空中堡垒"式轰炸机，对蒙达机场进行了卓有成效的打击，成吨的重磅炸弹落在跑道上，炸起一片火海，日军工兵不得已改在夜间突击施工。

从13日起，美军白天出动轰炸机，夜晚派出水上飞机，轰炸机场跑道，扫射日军营房，骚扰得日本人日夜不宁。

日本人派出大批战斗机掩护施工。到12月中旬，机场主体工程接近完工，日战斗机随即进驻蒙达机场。自此，日机不断从机场起飞，对亨德森机场进行轰炸，同时不断袭击过往的美军舰只。

一个新的威胁出现了。哈尔西再不能对蒙达机场进行小打小闹了。为此，哈尔西召开专门会议，分析形势，研究对策。为防止蒙达岛变成第二个瓜岛，哈尔西当机立断，对蒙达机场发起大规模轰炸。

12月20日黎明，40余架"劫掠者"式轰炸机在战斗机的掩护下，对蒙达机场进行第一波攻击。美机遮天盖地般扑来，日军犹在梦中。一连几天平安无事，地勤人员麻痹大意起来。大批日战斗机已经进驻新建机场，美国人不会视而不见、自找倒霉吧？待望哨拉响战斗警报，美轰炸机已经从霞光里冲出来了。日飞行员匆匆跑上机舱，冒着纷纷落地的炸弹仓促起飞，4架战斗机刚刚飞离跑道，立刻就被如狼似虎的美战斗机包围，一通炮火打过，全部翻着跟头栽下大海。

美军的突然袭击战绩显著，投出的炸弹几乎把机场犁了一遍。大部分日高射炮手都没进入阵地，美机得以轻松突破稀疏的防空火网，炸毁跑道上的10架日战斗机，接着又开始轰炸停机坪上待飞的战斗机。美战斗机无事可干，便俯冲盘旋扫射炮兵阵地，许多睡眼惺忪的炮手，未及清醒便一命呜呼了。蒙达机场硝烟滚滚，天摇地动，停机坪上的12架飞机化作碎片飞上天空。第一波攻击队大获成功，美机击落炸毁日机26架，只有隐藏在伪装网下的8架战斗机幸免于难。

美第一波攻击队退去，蒙达机场上的地勤人员推开跑道上的飞机残骸，准备让伪装网下的战斗机飞上天空。凄厉的防空警报再次响了起来，美第二波攻击队跟着出现在头顶，日本人只得拉上伪装网，龟缩进防空洞，捂着耳朵等着挨炸。

美第二波攻击队"隆隆"飞来，见机场上一片火海，所有的地面目标均已炸毁，转而攻击驶抵该岛的十几艘驳船。满载货物的驳船见势不妙，慌忙掉头四散逃跑，美机围追堵截，俯冲轰炸，不大一会儿，就击沉10余艘驳船。幸而从拉包尔起飞的日战斗机到来，救下残余的驳船。

日落前，从圣埃斯皮里图岛起飞的美"空中堡垒"式轰炸机，第三次空袭了蒙达机场。美飞行员找不到攻击目标，遂对跑道狂轰滥炸一番，扬长而去。

10月26日，一艘潜至蒙达岛海域的美潜艇，浮出水面侦察空袭结果。艇长发现附近海面停泊着不少日本船只，机场跑道仍然有飞机不断起落。

"这就是说，连续的轰炸效果并不理想，"哈尔西说，"必须出动舰队炮击蒙达机场了。"

"倘若日侦察机发现美舰动向，势必遭到日机和日舰阻击。"参谋长布朗宁持谨慎态度，他劝哈尔西三思而行。

"恐怕日指挥官不会相信，美舰敢在日机战斗活动半径之内露面！"哈尔西不以为然，"我们何不效仿'东京快车'，于夜间出其不意地打了就跑呢？"

"将军，您看这样好不好？"布朗宁想出一个两全其美的主意，"10天后，我们要运送增援部队去瓜岛，护航舰队完成任务，可驶往蒙达岛炮击机场。即使日侦察机白天发现美舰队，也不一定判断出其夜晚的动向，这样会收到奇袭的效果。"

"好主意！"

哈尔西采纳了参谋长的计划，接连不断派出水上飞机飞临蒙达机场，投掷炸弹或照明弹骚扰敌人，使其习以为常，并为即将开始的舰队炮击机场校射目标。袭击日军机场的任务落在第67特混编队身上。

驻扎在蒙达机场的日第25航空战队司令长官山田，察觉美军空袭明显减少，他担心美国人是在有意施放烟幕，可能会出动舰队炮击蒙达机场。于是要求海军给予支援。一位海军参谋问："最近几天情况怎么样？"

山田的参谋说："敌人频频出动飞机封锁海上运输线。"

海军参谋说："海军和空军掌握的情况差不多，我们都没发现美舰有大规模活动的迹象。"

　　但山田的参谋坚持自己的意见，请海军立即做好准备，一旦发现美舰有活动迹象，就坚决打击。海军回答说，主力战舰都回本土大修去了，暂时还抽不出多余的兵力。再说，蒙达机场已经进驻大量日机，美舰进攻蒙达机场，那不等于自取灭亡么？

　　海军没有重视山田的意见，只要求第25航空战队严密封锁新乔治亚群岛海域。直至元旦过后，蒙达机场依旧安然无恙，除了几架前来骚扰的美水上飞机，再没有发现什么新的情况。山田也逐渐大意起来，同意海军的看法，认为美国人迫于空中威慑力，不敢轻易出动舰队炮击蒙达机场。

　　日本人酿成大错了。

　　1943年1月4日，美第67特混编队由埃斯皮里图岛出发，护送运输舰队驶抵"铁底湾"卸载。然后突然转向西北，驶入伦格水道，直奔新乔治亚群岛。海面没有一丝风，云遮雾掩，细雨蒙蒙，即使日本人出动侦察机，也无法发现时隐时现的美舰。夜幕降临时雨停了，大片大片的乌云铅一样压在头顶，美舰安全驶进新乔治亚群岛海域。

　　舰队司令安斯乌舍命令巡洋舰的水上飞机起飞，去侦察蒙达机场。舰队兵分两路，由提斯德尔指挥的支援群留在附近进行反潜巡逻，炮击群则长驱直入蒙达岛。午夜前，潜艇"灰鲸"号发出通报，引导战舰进入射击阵位。寂静的岛屿雨雾蒙蒙，好在雷达荧光屏能清晰地呈现出的陆地的形状，炮手们争分夺秒，准确地测量出炮击距离。

　　5日凌晨1时，美炮击群成单纵队接近机场，驱逐舰"弗莱彻"号一马当先，轻巡洋舰"纳什维尔"号、"圣路易斯"号、"海伦娜"号居中，驱逐舰"奥巴朗"号断后。美水上飞机准时投出照明弹，照亮山脉和海岸。

　　安斯乌舍长缨在手，一声令下，顿时狂浪骤起，从美舰上发射的炮弹排山倒海般射向机场。第一排齐射过后，水上飞机报告："无修正。"美舰接着打出第二、三排齐射。

　　停机坪上排列整齐的飞机，转眼间分崩离析，碎片四下横飞。日高射炮指挥官以为又是美机空袭，打开探照灯搜索天空，恰好成了美舰射击的目标。炮手们弹无虚发，炸弹遍地开花，震得机场都晃动起来。待日炮手掉转炮口向海上射击时，跑道已被夷为平地。

　　美炮击群3次齐射后停止射击，5艘战舰转向西北，航速降至18节，掉头连续速射。不到一个小时，美国人发射150毫米炮弹3,000颗，120毫米炮弹1,500颗，似滚滚洪水席卷一切目标。蒙达岛大火熊熊，所有建筑物均变成一片尘土覆盖的废墟，无一架日机幸免于难，连树木都被炮火连根削平，烧成灰烬。

　　到凌晨1时，美军舰队大功告成。蒙达机场不复存在，日本人挽救瓜岛的最后一线希望破灭了。

No.3 将要面子兵受罪

1942 年 12 月底，在瓜岛视察的辻政信辗转返回东京参谋本部，汇报瓜岛战况。辻政信是一个战争狂人，他认为日军能打赢瓜岛战役，关键是要大力增援。此时，日本国力大衰，前线多处告急，大规模增援瓜岛显然不可能了。参谋本部对辻政信的话将信将疑，经过研究，参谋本部再次派出作战课井本熊男中佐，作为前线特派观察员，到瓜岛前线了解实情。

井本毕业于日本陆军大学，去瓜岛之前，他仔细研究了该地的局势，认为辻政信的判断是错误的。日军应该立即撤退，不要再为"面子"消耗殆尽。为此，在飞往拉包尔的途中，他首先拜访了陆军大学时的教官，此时已担任联合舰队参谋长的宇垣缠，想听听他的意见。

作为参与瓜岛战役的海军高级军官，宇垣缠同联合舰队司令山本一样，早就对瓜岛战役失去信心。但这个问题是一个敏感问题，谁也不愿意承担失败的责任。他不好明说这些，只好委婉地暗示井本说，海军拿不出更多的战舰与美军硬拼，制空权掌握在美军手里，运输舰队通过封锁线十分困难。

听了宇垣缠的话后，井本心领神会：海军是赞同主动撤退的，关键是不想承担失败的责任。井本随即拜访了第 8 方面军司令今村。今村对南太平洋战区这个"烂摊子"有苦难言，但一提到撤军问题，他就保持沉默。尽管今村没有明确表态从瓜岛撤军，但井本从他无可奈何的神情中已经看出，瓜岛的形势岌岌可危，日军唯一的办法只能撤退。他在特鲁克岛登上飞机后，已经下决心向东京反映前线指挥官的真实想法。

就在井本在瓜岛前线视察之际，在瓜岛是撤是战的争论在东京也展开了。瓜岛战事每况愈下，主张撤军的呼声日见高涨。东京大本营的消息灵通人士亦有耳闻，背地里议论纷纷。但是都怕承担失败的责任，不敢拿到桌面上摊牌。东条英机首相的首席军事顾问、陆军省军务局长佐藤陆军少将就是其中之一。如果继续在瓜岛作战，就要增添 62 万船舶吨位。以日本目前的国力显然是不可能的。佐藤对首相说："就目前的形势，国内再不能抽调民用船只了，否则你撤我的职好了！"

"你想拆我的台么？"东条不高兴地说。

"若要把战争坚持下去，我们别无选择。"

"你是说放弃瓜达尔卡纳尔岛？"

"可能现在已经迟了，早该作出决断。"

"假如我们再坚持一下呢？"东条因多次向天皇保证，军队有能力夺回该岛，所以左右为难，"敌人也非常困难。"

"没有必要，"佐藤说，"美国人掌握着制空权，再拖下去我们得损失多少运输舰您

▲ 日本天皇（敬礼者）是发动侵略战争的始作俑者，他正在检阅部队。

算过没有，日本年产仅 400 万吨钢，如果如数付出参谋本部要求的船舶吨位，起码削减一半产量，国力也就差不多垮了。"东条哑口无言。

日本的战线遍及整个亚洲大陆，急需大量钢铁维持战争。东条大伤脑筋，他曾求助于盟友希特勒，想从德国取得 50 万船舶吨位和 100 万吨钢材，以救燃眉之急。但希特勒也如热锅上的蚂蚁，自顾不暇，他拉了难兄难弟一把，只给东条 1 万吨特殊钢材，就再也无能为力了。日本陆军素有"下克上"的传统，搞不好会出乱子。参谋本部一向相对独立，内阁要员大部分都从那儿来的。东条进退维谷，却不愿干预军方的事情，想来想去，他对佐藤说："你知道，要撤退是非常困难的……"

"如果首相同意，"佐藤说，"我来做工作好了。"

"一定要妥善从事，不要激怒参谋本部。"东条顾虑重重。

"您放心，我们不提撤军之事，按原计划拨给陆军船舶吨位，迫使他们自己觉悟。"

东条首相依计行事，最终答应总共拨给海、陆军船舶 29 万吨位。这距离参谋本部的要求相差很远。

参谋本部勃然大怒，坚决要求政府追加船舶吨位，否则就发起倒阁行动。

12 月 15 日夜晚，东条迫于压力召开紧急内阁会议，给军队追加 9.5 万船舶吨位。但军方仍不满意。会议刚刚结束，参谋次长田边盛武陆军中将即来电话命令军务局长到他的官邸做出解释，为什么内阁追加的吨位如此之少？

佐藤不敢怠慢，硬着头皮来到田边的官邸。他一走进门厅，就听见屋里的人在破口大骂："都是军务局捣的鬼，佐藤来了我非揍他不可！"

佐藤进屋，发现有七八个参谋本部的军官在喝酒，骂他的是作战部长田中新一陆军中将。佐藤向田边次长敬礼道："将军，我奉命前来解释。"

话音未落，屋里的人一齐质问道："佐藤，你为什么和我们过不去？"

佐藤说："这是内阁的决定……"

"混蛋，你敢辩解。"眼睛喝得通红的田中，摔碎酒杯吼叫。

"你喝多了，清醒了再说。"佐藤见势不妙，不想留下理论。

"你……站住！"田中拔出军刀，朝转身欲走的佐藤扑来。

同事忙拉住田中，夺下军刀，但他却挣脱阻拦，朝佐藤脸上重重打了一拳。佐藤奋起自卫，两位将军扭在一起，拼命厮打，其他人并不拉架，反倒竭力为田中喝彩助威。佐藤好不容易瞅难机会推开对手，带着满脸血痕逃出了房间。

田中仍不解气，借着酒劲儿再度闯进陆军省次官、木村平太郎中将家里，要求对方追加船舶吨位。木村见田中醉了，好言好语劝他回去休息，答应一定面见首相，满足参谋本部的要求。田中本该见好就收，不料早晨酒醒之后又跑到内阁企画院总裁铃木贞一的家里无理取闹。铃木忍无可忍，让卫兵把他撵了出去。

田中屡屡向政府示威，闹得东条面子上十分难堪。东条火了，他让军务局通知参谋本部，内阁的决议不可改变，谁要再敢闹事，他决不心慈手软。

陆军参谋总长杉山元陆军大将得知消息后，明白如果不采取行动，政府真的不增加船舶吨位。杉山当即召开参谋本部各部部长会议，决定集体前往东条的官邸，力谏东条改变主意。但他也怕田中控制不了自己，惹出麻烦不好收场，临行前叮嘱副官种村大佐说："如果作战部长再吵架，你就把他给我拉出去。"

夜晚，杉山和将领们来到首相官邸，强烈要求东条接见。门卫将众人领到一个房间里，佐藤和木村已接到通知赶来等候。田中见到佐藤分外眼红，两个人面对面盘坐在榻榻米上，用眼睛狠狠瞪着对方，一声不吭。种村大佐暗暗坐向田中身后，准备一有事情即将他拉走。东条首相为缓和紧张的气氛，身着和服接见了将军们。田中率先发言，口气咄咄逼人，代表参谋本部要求首相重新考虑他们的意见。东条不为所动，他冷静地拒绝了田中，要求将军们从大局出发，支持内阁的决定。

田中控制不住情绪，说话声愈来愈大，他强硬地喊道："不支持我们，有意让瓜达尔卡纳尔岛争夺战失败！"

"你有什么资格谴责内阁，放肆！"东条训斥他说。

"你不称职，就该下去。"田中急了。

"你给我出去。"

"你他妈混蛋！"

"你……敢骂上司！"东条霍地站起身来，"我命令你出去。"

杉山见势不妙，忙朝种村大佐使了个眼色。种村不由分说架起田中的胳膊，将他拖了出去。杉山替部下道歉后，仍然坚持陈述自己的意见，会谈不欢而散。

最受罪的是驻守瓜岛的17军残余官兵。"东京快车"屡屡受挫，铁桶运输也行不通，给养越来越难送上岛去。眼看着给养和援军不来，百武再也沉不住气了，亲自给东京打电报：

粮食已经吃尽，官兵饿了很多天，无法抵挡敌人攻势。第17军团请求冲进敌阵，宁为玉碎，也不在自己的掩体中饿死。

至此，日军已经到了山穷水尽的地步。只是瘦驴拉硬屎，不肯"掉架"言败。

第十章

日军大崩溃

　　1942年12月25日，日海陆两军首脑在皇宫举行紧急会议，研究瓜岛战况，首次提出撤退的计划。12月29日，受命前往瓜岛了解真相的井本送回一份报告。报告称，根据瓜岛前线的情况，必须尽快把所有部队从瓜达尔卡纳尔撤出，"只有出现奇迹，才能夺回该岛。" 12月30日，天皇主持召开御前会议。杉山参谋总长和永野军令部总长首先汇报了瓜岛的战况，并作了检讨。随后，东条送上撤退方案请天皇审批。1943年1月4日，日本大本营正式下达瓜岛撤军计划。

No.1 日军的末日来临

与日军穷途末路的境况恰好相反，驻守瓜岛的美军源源不断地得到补给。到 1943 年 1 月，美军在瓜岛上已经将兵力增加到 5 万多人，弹药如山，给养丰足，士气旺盛。而此时，日军在瓜岛只有不足 2 万人。

瓜岛美军指挥官帕奇决定发起反攻。他决定首先进攻位于机场西南 20 公里的奥斯腾山，拔掉威胁亨德森机场的钉子。

驻扎在奥斯腾山的是日军冈明之助大佐率领的一个联队和一个炮兵中队。从山上可以俯瞰"铁底湾"和机场，观察美机起落和运输舰卸载的情况。

12 月 17 日，美重炮猛轰日炮兵阵地，掩护一个营进攻奥斯腾山。美军沿途只碰到个别狙击手的阻击，且一触即溃，遂放心地深入丛林。冈明派出穿插部队，利用熟悉的地形深入美军后方，打起游击战来得心应手，左右逢源。美海军陆战队第二师士兵缺乏丛林战经验，深入丛林后犹如"盲人骑瞎马"，士兵们只看到炽热的子弹在空中呼啸着掠过耳边，却不知道对手隐藏在什么地方，搞得美国人如履薄冰，疑神疑鬼，草木皆兵。日穿插部队切断美突击部队的补给线，冈明用猛烈的炮火挡住美军的正面进击，穿插部队从后面包抄上来，打得美国人溃不成军。一营美军死伤过半，他们在一处山坡上构起临时防线，苦苦等待基地增援。

日本人从四面八方发起冲锋，逐步分割包围了大部分阵地，以局部优势的兵力各个击破。饿红眼睛的日军士兵，像老鼠一样出没在密集的丛林里，他们隐藏在大树、石头后面，打伤美军士兵时首先搜抢食品，然后狼吞虎咽。日本人包围了美军营部，乱枪打死了美营长，冈明大佐重新集结起分散的部队，以风卷残云之势将残余美军压制在一个山沟里。

帕奇得知美军情况后，大惊失色，火速派出"仙人掌航空队"解救受困部队。美机飞临战场，击溃日军的进攻，迫使日军退去，然后投出成吨的炸弹，将山沟周围的丛林夷为平地。接踵而至的 12 架"无畏"式俯冲轰炸机，空投下一个营的兵力，救出被困美军，继而夺取山坡上一个观察站。

但日军寸土不让，用猛烈的炮火阻击步步推进的美国人。美军伤亡惨重，不得不退出丛林。

25 日上午，两艘美驱逐舰队驶进海滩，从海上参战。美军再次朝山顶发起进攻。日本人躲在山洞里不出来，躲过舰炮轰击进入阵地，居高临下投出大批手榴弹，炸得美军人仰马翻，又一次击退进攻。战事进入僵持阶段。

此时，美军发起的另外一次大规模攻势已经开始了。1943年1月2日黎明，美军发起第二次进攻奥斯腾山的战役。帕奇先让132团2营暗暗运动到岐阜东南待机，再以两个营的兵力同时从东面和北面猛攻。冈明忙于抗击美军的两路冲击，没想到还有一路人马由东南方向爬上山脊，美国人排山倒海般冲来，日军防线摇摇欲坠。冈明慌忙调过两门大炮，压低炮口进行平射，日军炮手几乎是在和美军士兵拼刺刀，连续猛烈的射击，震得耳朵都流出血来，仍然无法阻止怒潮般的攻势。幸亏日援军及时赶到，从东南方向美军的背后杀来，美军猝不及防，阵脚大乱。冈明拨出一部分兵力，迅速和增援日军形成前后夹击之势，进行反冲锋。

关键时刻，美军从亨德森机场紧急起飞20架"无畏"式俯冲轰炸机前去支援。凭借绝对的空中优势，大批美军轰炸机用炸弹筑起铜墙铁壁，把日军阻挡在美军防线之外。战局很快出现了戏剧性的变化，日本人眼见得手，突然被炸得焦头烂额，趴在地上抬不起头来。日军不能越雷池一步。美国人步步为营，和其他两路会师，就地构筑工事与日军相持。

1月9日，美陆军第25师开上奥斯腾山换防，大量物资运上阵地，美国人为减少伤亡，并不急于和敌人死拼，而是用炮火切断日军的补给线，打退企图下山抢粮的小股敌军，令其坐以待毙。

穷途末路的日军，食物和军火均已断绝，只好靠吃昆虫、青蛙、蜥蜴，甚至皮带度日，日军的末日真正来到了。一名生还者后来写道：

1月11日：奥斯腾山上的守军像朽木一样，一动不动，尸体堆积得竟无立足之地。

暂时还活着的人，好像冬眠的动物一样，和化成白骨的骷髅同枕共眠……

1月15日：应该来临的日子终于来临了，敌人发起猛烈地进攻。炮火摧毁密林，掀起的尘土漫天飞扬，山岳为之怒吼，山谷为之回应……

1月20日：6个月不知肉味的人们如饿鬼般吞咽了四脚蛇，咀嚼了槟榔，抢食了水苔，吃得肚子鼓胀胀的。没有火种了，都是生吃的……

陷入绝望境地的日军眼巴巴地等待着援军，希望起死回生。然而，他们不知道，半个月之前，日军大本营已经作出了从瓜岛撤军的决定。

No.2 天皇下达了瓜岛撤退令

1942年12月25日，日海陆两军首脑在皇宫举行紧急会议，研究瓜岛战况。代表海军的是军令部总长永野，他的副手伊藏次长，作战部长福留中将和富冈大胜；代表陆军的则是杉山参谋总长和到过瓜岛前线的辻政信。此时，双方对瓜岛的战局都心知肚明，撤退已经不可避免了。但海军和陆军都不愿意最先提出来，因为那要承担责任，而且不好向天皇交代。

会议刚刚开始，心怀鬼胎的双方就争吵起来。双方憋了半天，海军表示运输舰队无法通过海上封锁线增援瓜岛。陆军不同意海军的意见，要求他们把话说得明白一些。

福留中将迟疑地说："那就在地图上进行一场战术演习，看看我们是否能够突破封锁？"

"不要吞吞吐吐了，"辻政信不无嘲讽地说，"海军不派护航舰队，运输舰怎么突破封锁？"

"我们的战舰有限，陆军应该理解。"

"海军是否竭尽全力，大家都心里有数！"杉山说。

"做地图演习好了，结果证明一切。"永野不想争论。

"我看没有必要，"辻政信顶撞道，"关键是赶快作出决定，解救岛上的部队，拖延一天意味着什么，要饿死一大批人的。"

争论还在继续，辻政信控制不住自己的情绪，突然大发雷霆。他比室内任何人都了解，拖延一天，对瓜达尔卡纳尔即将饿死的官兵意味着什么。他挥动双臂喊道，海军应在紧急情况发生以前，就研究总的趋势。"你们对战局了如指掌，却不采取任何措施？如果是这样，你们还是辞职的好，驱逐舰我经常坐，遇到过大规模空袭。我在那里见到的所有海军指挥

▼ 连日的征战过后，美军士兵倒地而睡。

官都对我说，东京饭店（海军军令部）和大和饭店（联合舰队）的老爷们应到这里来看看我们该进攻哪里，这样也许他们就理解了。"

富冈无法忍受他对海军的侮辱，猛地站起来。"你说什么？难道所有驱逐舰的舰长都是胆小鬼？请收回你的话。"

"你到过前线没有？"辻政信指责说，"目前那边的情况你了解不了解？"

双方言语刻薄，争来争去，最后，双方互相指责对方要为瓜达尔卡纳尔的局势负责。陆军说没有武器弹药和粮食给养怎么能打胜？你们把陆军送上岸，却不给武器相弹药及粮食，"这好比是把人送上屋顶，又抽走梯子。"

海军讽刺说，这样增援下去要到何年何月结束。

陆军马上反击，如果有敌人一半数量的物资给养，就能打赢。"到现在，我们只拿到百分之一。"

唇枪舌剑的辩论没完没了，直到 12 月 29 日，受命前往瓜岛了解真相的井本送回一份报告。报告称，根据瓜岛前线的情况，必须尽快把所有部队从瓜达尔卡纳尔撤出，"只有出现奇迹，才能夺回该岛。"

报告给海陆军一个台阶下，海陆军趁机，都同意撤军。双方约定，一起面见天皇，正式向天皇提出从瓜岛撤军的问题。

1942 年 12 月 30e 掌握着制空权？"

"是的。"永野回答。

"那么，我军为什么不能夺回制空权呢？"

"海军航空战队缺少前进基地。"

"我们不会在附近岛屿上重建一个机场吗？"

"那至少要一两个月时间……"

"据朕所知，美国人只需要几天就可以了！"

永野一时语塞，着急的连汗都出来了。

裕仁天皇又问杉山："工兵部队不能改进施工速度么？"

"这个……这个……"杉山无言以对。

天皇露出明显的不满，催促两军参谋总长回答。

杉山无奈，道出个中原委："陛下，卑职只得表示遗憾，我们的机械设备有限，竞争不过美国人。"

永野坐立不安地补充道："工兵大部分是用人力施工。"

天皇陛下对这个回答显然不高兴。他对失败的原因整整盘问了两个小时，把永野和杉山弄得坐立不安。

最终，天皇最终提高了本来已很高的声调，说："好吧，海陆两军都竭尽全力了，朕同意撤军。请你们尽最大努力去完成撤军任务，绝对不允许再出现类似的失误。"

天皇说完，拂袖而去。

1943 年 1 月 4 日，日本大本营正式下达瓜岛撤军计划：

一、迅速做好现正在进行的进攻瓜达尔卡纳尔岛的作战准备，借以隐蔽撤退的企图。

二、调整第 17 军的战线，将其收缩到后方要地。

三、撤退之前，继续用各种方式加强补给，保持驻瓜岛部队的战斗力，并在运输补给时接走岛上的伤病员。由海军主要承担运输补给和撤走伤病员的任务。

四、陆、海军协同修整所罗门群岛的航空基地，随时推进航空兵力，加强对瓜岛的空中打击力量。

五、结束上述航空作战，兼用尽可能多的舰艇和其他船舶，尽各种手段向后方要地撤退驻岛部队，日期大致定为 1 月下旬至 2 月中旬之间。

六、要特别注意保持有关本作战计划的机密。

No.3 被天皇遗弃的子民

瓜岛撤退的命令发布后，日联合舰队并不轻松，如何通过美国人的海上封锁线，将部队安全地接回来，还是个头痛的难题。山本命令第 8 舰队承担起这项艰巨的任务，并集中南太平洋战区的航空部队、潜艇部队掩护撤退行动，而第 2 舰队则保持机动，随时打击敢于出动的美舰编队。

1 月 10 日，日驱逐舰 8 艘在瓜岛海峡高速向东南航行，在新乔治亚岛的澳洲海岸观察者发现情况后立即向美军报告。美军随即出动鱼雷艇提前进入攻击阵位。4 艘鱼雷艇在萨沃岛与埃斯帕恩斯角以西构成一条拦击线，2 艘鱼雷艇在埃斯帕恩斯角与瑞卡塔湾之间巡逻，2 艘鱼雷艇在多玛湾与隆加角之间巡逻。

1 月 11 日零时 37 分，美军一艘鱼雷艇发现日军 4 艘驱逐舰向东南航行，距海岸不到 1 海里。一艘日军驱逐舰离队向萨沃岛驶去，其他 3 艘继续航进。美军鱼雷艇马上发射鱼雷，但没有命中。发射鱼雷的闪光暴露了它的位置，日军驱逐舰发炮还击，两次齐射就把它击毁了。

▲ 被美军舰载飞机击中后日军补给船队冒出浓浓的黑烟。

美军的其他鱼雷艇迅速赶来参战，共发射 16 枚鱼雷，打伤 1 艘日军驱逐舰。

1 月 13 日下午，10 艘满载给养和 1,000 名士兵的驱逐舰离开肖特兰港，开往瓜岛，准备接应岛上的驻军撤离。参谋本部的井本也在其中一艘舰上，他的任务是亲自向百武传达撤退命令。

15 日黄昏，美军发现这支日军驱逐舰队，因发现时间太晚，派飞机轰炸已经来不及了，便从图拉吉岛派出 13 艘鱼雷快艇前往截击。

那天夜里，阴暗有雨，乌云低垂，日军不顾天气恶劣，仍派飞机对美军鱼雷艇进行轰炸和扫射。当两艘美鱼雷艇用机枪射击扑向它们的日军飞机时，在雷鸣电闪中发现了 5 艘日军驱逐舰，位于萨沃岛和埃斯帕恩斯角之间的 2 艘鱼雷快艇立即对日驱逐舰发射鱼雷，但无一命中。美鱼雷艇发射鱼雷后，企图向东撤退，日军驱逐舰迅速插到前面，把美鱼雷艇拦阻在萨沃岛的西面，1 艘美鱼雷快艇在逃跑中触礁。其他美军鱼雷艇也没有完成截击任务。日军的 1,000 名士兵顺利登陆。

井本在埃斯帕恩斯角登陆后，立即被眼前的景象惊呆了。海滩上躺满了等待上船返回拉包尔的伤病员，任风吹雨打，呻吟嚎叫，无人理睬。他们中大部分人已经死去，腐烂的尸体发出刺鼻的恶臭。

滂沱大雨中，井本好不容易叫起一个清醒的士兵，向他打听去第 17 军司令部的道路，那人有气无力地说："你沿着尸体一直走下去就到了！"

井本和新开来的 1,000 名士兵，跌跌撞撞地走进丛林，沿着山道而行，每走一步都差不多碰到一具姿势不同的尸体，有的躺着，有的趴着，有的靠着树根坐着，有的甚至吊在树枝上……看得人触目惊心，毛骨悚然，简直跟但丁写的《地狱篇》里的情景一模一样。

井本梦游一样来到塔辛姆波科村，饿殍遍及营地，茅屋早已为美机炸成断壁残垣，军团司令部由一些破烂的帐篷组成。井本背着背包在泥泞的雨水中瞎摸乱撞，总算碰上他的一个熟人杉之尾三夫少佐。杉之热情地接待了老朋友，他请井本先到他的帐篷里休息一下，天亮再去见参谋长。

在帐篷里，井本见到小沼治夫大佐和其他几个参谋，他们正躺在树叶铺成的床上睡觉。井本请大家起来喝杯酒，吃点东西。大家一点都不客气，贪婪地吞下他拿出的食物，然后开玩笑说："明天去死也值了，要是能有支香烟抽抽就更棒了！"

"好像大家都死不了啦，"井本拿出一盒香烟，分发给大家说，"我是来请你们吃生鱼片的。"

"行了行了，撤回去后让你吸个够。"

小沼悄悄地问："上边想撤退？"

井本不置可否："早晨你就明白了。"

早晨，闷闷不乐的小沼带着井本走进隔壁的帐篷，拜访参谋长宫崎秀一陆军少将。宫崎迫不及待地说："感谢你带来给养，拉包尔方面决定什么候发起进攻？"

井本中佐拘谨地坐下，搓着手说道："恐怕今村司令长官放弃进攻了。"

"为什么？"

"大本营的命令。"

"下一步怎么办？"

"从岛上撤退。"

"绝对不行！" 小沼忍不住插上嘴，"那不等于我们彻底失败了？"

一阵难堪的沉默。

"日本陆军还从没有败退的先例，"宫崎打破沉默，说，"我们必须战死沙场，保持皇军的光荣传统！"

"再说，我已下令部下死守阵地，"小沼愤怒地说，"前方将士大都和敌人搅在一起.想撤下来也不那么容易！"

井本不想和两位感情冲动的军官辩论，他也是陆军中的一员，也想保护陆军的荣誉，但大势已去，无力回天，第 17 军必须执行命令。

第二天，井本终于见到了百武，并把大本营决定撤退的命令告诉了他。百武听到消息后，长时间没有说话，他无法接受撤退的指示，陆军一向把荣誉看得重于生命，退却简直是奇耻大辱。他坐在一张简陋的办公桌前，闭上双眼沉思，半天不理睬对方。

井本急了，拿出今村签署的撤退令说："我理解军长的心情，但这是天皇陛下的旨意，谁都不能违抗！"

"中校，不要逼我，"百武睁开沉重的眼皮，身心交瘁地说，"再给我一段时间考虑一下好不好？"

井本退出帐篷，焦虑不安地等待着百武的答复。他知道时间拖得越长越不利，说不定绝望的军官们要弄出兵变或者集体自杀的蠢事。美机又来轰炸了，井本跑进防空洞躲避炸弹，百武却一直没有离开帐篷，一个人独自痛苦地作着抉择。

中午时分，美机轰炸过后，附近丛林化作一片焦土，烟雾弥漫，百武的帐篷安然无恙，营地里一片宁静，什么事情都没有发生。

井本再次走进军长的帐篷，见百武端坐在帐篷中央，两腿八字分开，指挥刀立在双腿中间。看样子将军准备让美机炸死自己，可惜美国人没有成全他。

井本连忙问："请将军尽快给我答复，今村司令等着回信呀。"

百武平静地说："请转告方面军司令部，一切失败的责任都由我个人承担，第17军将接受命令，从瓜岛全面撤退！"

可悲的是，美情报机关没有获悉日军决定要撤离瓜岛的战略企图，反而全力以赴地部署兵力，准备向瓜岛上的日军阵地发动大规模进攻。

1943年1月22日，哈尔西陪同美海军部长诺克斯与美太平洋舰队司令尼米兹抵达瓜岛视察。但他们没有一个人能够看出日军在撤退。瓜岛指挥官帕奇还颇有谋略地认为：美军最早也得于4月1日才能消灭岛上的日军。

实际上，日本人正在导演一场太平洋上的"敦刻尔克"式的大撤退，大撤退将由300架飞机掩护，20余艘驱逐舰接应。

2月2日晨，担任第一批撤运任务的19艘日驱逐舰虽然在途中遭到美轰炸机的攻击，但没有任何损失，顺利返回肖特兰岛。

2月4日，日军进行第二次撤运。1艘巡洋舰和22艘驱逐舰不顾美机的狙击轰炸，突击抢运，顺利地完成了使命。

2月7日，日军派18艘驱逐舰冒着雷暴雨进行第三次撤运，再次成功。

对于日本人的每次撤退，情报不灵的美军都以为是在增援。日军三次共从瓜岛撤出陆军约9,800人，海军约830人。后来，尼米兹上将认为：日军伪装巧妙，行动果敢，因而能够顺利完成撤退任务。1943 年 2 月 9 日 16 时 25 分，美军全部占领瓜岛，正式宣称取得了瓜岛战役的彻底胜利。

瓜达尔卡纳尔岛上的战火熄灭了，在丛林的日军散兵游勇顿时成为被天皇遗弃的子民。他们听不到一点丛林外的消息，吃的东西要自己去找，有人错把毒草当成"维生素"类野菜，吃后浑身青肿，伸腿瞪眼一命呜呼。后来又发现蚊、鼠、蚂蚁、蚂蚱都可以入口，弄到手里就生吞活剥。有人用石头打死泥潭里的一条大鲜鱼，大伙争着扒皮吃……后来，甚至火种都没有了，有人开始吃活蝎子，用刀先割掉尾巴，用牙齿嚼得咯吱咯吱响。

夜晚，饿得皮包骨头的日本士兵，无声无息地靠在伙伴们的尸骨堆上，在黑暗的丛林里奄奄一息，残喘度日。饥肠辘辘的痛苦，一次又一次地扑灭了他们活下去的念头。有一个叫山田一雄的日本士兵，侥幸成为生还者，他描述了当时的情形：

我们的肉体忍受能力已经达到极限，饥饿比之战争、屠杀和轰炸更可怕。近来主要以虫子、野鼠和爬行动物为食。随军医疗所里的纱布已经用光了。皮带、皮鞋和皮钱包等，都被煮熟吃了。即使如此，丛林里仍然饿殍遍地，骷髅成堆。每当我们与它们相遇，有时几乎分不清生者与死者……

有一天，一名叫宫本的军曹在丛林里寻找吃的东西，忽然嗅到一股烟火和肉香。他循着气味走去，见三个士兵不知从哪儿弄来火种，架着一口破烂的行军锅煮着什么。宫本近

▲ 在瓜达尔卡纳尔战役中，被美军俘获的日本战俘。

前一看，锅里沸腾的水上漂着骨头，他喜出望外地问："肉？"

三个士兵抬起憔悴干枯的脸，其中一人从锅里捡出一块半生不熟的骨头递给宫本。宫本接过来就啃，狼吞虎咽之后问："你们从哪儿弄来的肉？"

"是人肉……"一个士兵吞吞吐吐说。宫本失声地叫出声来。"是石井和滨子的肉。"

石井是一个年轻的军士，入伍前在大阪一家商行里当职员。滨子原名叫滨于秀二，是一个来自京都的从军慰安妇，他们都是昨天夜里饿死的。滨子临死前叫人用刺刀剪掉她的长发，她说自己的头发很好，几年也不会腐烂，说不定将来能与骨灰一起运回故土，家人一见就能认出来。锅底下的火熄灭了。难熬的饥饿和强烈的食欲使他们完全丧失理智，几个人默默地吃着同伴的肉，啃着同伴的骨头。远处传来一阵怪声怪气的声音，那是饿死者最后叹出的一息。美军完全控制瓜岛后，哈尔西听说丛林里还有很多被困的日本残兵。参谋人员甚至不主张扫荡，提议焚烧丛林。哈尔西认为事先应侦察一下敌人的情况。于是，组成一个特种搜查队，队长富莱顿上尉率领 50 名美军士兵，带着一个通晓日语的澳大利亚军官当翻译，他们很快就出发了。

茂密的丛林中，生长着大片大片的芭蕉树和棕榈树，蔓草盘根错节绕树横生，特种搜查队的士兵觉得里面绿幽幽死沉沉的。满地都是枯枝败叶，根本不存在道路，空气湿热，没有一块干燥的落脚点，到处都是没足的稀泥。大约行进了 10 公里，他们嗅到一股东西腐烂的恶臭，让人不能喘气。为了驱散毒气和臭味，富莱顿命令士兵们喝一口威士忌。大伙深一脚浅一脚地向前移动。不多时，发现一片片蛇皮、鳄鱼皮和蝎子尾巴……

美国人莫名其妙："这里会不会有土著猎人？"

"鳄鱼皮是高级装饰品，猎人怎么能轻意扔掉。"一个美军士兵反驳说。

"不准说话，注意前方！"富莱顿厉声提醒部下。

大伙又小心翼翼地走了一段，他们在一片洼地上发现了坍塌的帐篷、丢弃的钢盔、破军服和一堆堆的尸骸，白骨越来越多，美国人大为惊骇。远处好像晃动着两个披头散发的人影，他们依偎在一棵大树下面。

一个士兵要开枪，但被富莱顿制止住了。他吩咐澳大利亚译员上前问话。

"喂，你们是什么人？""日……本人……"声音微弱得几乎令人听不清。"过来。"

两个人听到命令后，没走几步就摔倒了。澳大利亚军官事后才了解到，她们是两个奇迹般活下来的从军慰安妇，一个叫幸子，一个叫阿惠。美军士兵递给她们三明治和甜饼，两个女人艰难地张开嘴巴把食品塞进去，整个地往下吞咽。士兵们不相信她们是女人，因为她们几乎已经变成只能喘息的木乃伊，只有从破烂的军服窟窿里露出的两个干瘪的乳房，才能证明她们是女性。

两个从地狱死里逃生的女人被送进了俘虏收容所。美国人想弄清这一骇人听闻的奇迹，问她俩到底是怎么活下来的？她们说，开始的几个月跟伙伴们一起吃树皮和椰子，后来吃一些小生物和死人肉……在收容所里，她们怎么也不肯说自己是出卖肉体的从军慰安妇，只说是日本军队中的女兵。到战俘营里，吃饱了肚子以后，她们仍对盟军怀有敌意，表示坚信皇军不败，帝国联合舰队很快就会卷土重来，占领西南太平洋诸岛。2 年后，直到日本无条件投降，她们被遣送回国时，才醒悟到自己和瓜岛上的骷髅都是战争的牺牲品，禁不住痛哭流涕。瓜岛争夺战是太平洋战争中一场空前残酷而激烈的大搏斗，日美双方为此都付出了沉重的代价。对于瓜岛那些血雨腥风的日子，一位美国战地目击者在一篇报道中感慨万千地写道：

对于我们这些身临其境的人来说，瓜岛不是一个地名，而是一种感觉。这种感觉使人回想起那些殊死的战斗，夜晚激烈的海战，为供应和修建机场所作的狂热的努力，在潮湿的丛林中进行的残酷厮杀，以及划破夜空的凄厉的炸弹，以及军舰炮轰时震耳欲聋的爆炸声。

日美在瓜达尔卡纳尔进行的殊死大搏斗，实际上是双方国力、人力、物力、生产力、运输力以及战略战术思想的一次综合大较量。较量结果日军败退，使太平洋战场上的形势发生了根本的变化，结束了太平洋战场上日美双方战略相持的阶段。

图书在版编目（CIP）数据

喋血瓜岛 / 二战经典战役编委会编译 . -- 北京：
中国铁道出版社 , 2015.7（2022.1 重印）
（时刻关注）
ISBN 978-7-113-20511-9

Ⅰ . ①喋… Ⅱ . ①二… Ⅲ . ①夸达康纳尔岛战役
—通俗读物 Ⅳ . ① E195.2-49

中国版本图书馆 CIP 数据核字 (2015) 第 121109 号

书　　名：	喋血瓜岛
作　　者：	二战经典战役编委会
责任编辑：	田　军　　　电　话：(010) 51873005
编辑助理：	郝玉敏
装帧设计：	艺海晴空
责任印制：	郭向伟

出版发行：中国铁道出版社有限公司（北京市西城区右安门西街 8 号　邮编 100054）

印　　刷：永清县晔盛亚胶印有限公司

版　　次：2015 年 7 月第 1 版　　2022 年 1 月第 3 次印刷

开　　本：787mm×1092mm　1/16　印张：10　字数：250 千

书　　号：ISBN 978-7-113-20511-9

定　　价：39.80 元